Markus Böttger

Der Einsatz von Wikis im IT-Projektmanagement

Anforderungsanalyse, Konzeption und prototypische Implementierung in einem mittelständischen Softwareunternehmen

AF166519

IGEL Verlag

Markus Böttger

Der Einsatz von Wikis im IT-Projektmanagement

Anforderungsanalyse, Konzeption und prototypische Implementierung in einem
mittelständischen Softwareunternehmen

1. Auflage 2010 | ISBN: 978-3-86815-286-9

Die Deutsche Nationalbibliothek verzeichnet diesen Titel in der Deutschen Nationalbib-
liografie. Bibliografische Daten sind unter http://dnb.d-nb.de verfügbar.

IGEL Verlag

Inhaltsverzeichnis

Abkürzungsverzeichnis

AC-B GmbH	Air Traffic Control & Business Systems GmbH
API	Application Programming Interface
BA	Berufsakademie
CRM	Customer Relationship Management
CSCW	Computer Supported Cooperative Work
CSS	Cascading Style Sheets
DVD	Digital Versatile Disk
DIN	Deutsches Institut für Normung e.V.
FH	Fachhochschule
GPL	General Public License
GUI	Graphical User Interface
HTML	Hypertext Markup Language
IEEE	Institute of Electrical and Electronics Engineers
ISO	International Organization for Standardization
IT	Informationstechnologie
MS	Microsoft
NAS	Network Attached Storage
PC	Personal Computer
PDF	Portable Document Format
RE	Requirements Engineering
SQL	Structured Query Language
SRS	Software Requirements Specification
USA	United States of America
WYSIWYG	What You See Is What You Get
XHTML	Extensible Hypertext Markup Language

Abbildungsverzeichnis

1 Einleitung

„According to a study performed by the Gartner Group, 80% of all IT projects are not successfully completed. Either the budget is overdrawn, the project is not completed on schedule, or the project functionality is incomplete."[1]

Dies ist der einleitende Satz auf der Internet-Projektseite meines Ausbildungsbetriebs, der AC-B GmbH. Die Angaben, wie viele IT-Projekte scheitern oder nicht planmäßig fertiggestellt werden, unterscheiden sich je nach vorhandener Quelle. Dies mag daran liegen, dass es je nach subjektiver Empfindung jedes Einzelnen unterschiedlich interpretiert werden kann, ab wann ein Projekt als gescheitert gilt. Eines ist jedoch aus zahlreichen Quellen deutlich erkennbar: IT-Projektmanagement ist schwierig – und die Zahl der gescheiterten Projekte hoch. Wie auch in dem einleitenden Zitat wird in diesem Zusammenhang oft das sogenannte „magische Dreieck" herangezogen.

Quelle: http://www.pmqs.de

Abbildung 1: Magisches Dreieck

Die Abbildung[2] veranschaulicht die in einem Projekt stets konkurrierenden Faktoren *Zeit*, *Kosten* und *Qualität*, welche es gemäß den Anforderungen des Auftraggebers einzuhalten gilt. Diese Thematik wird im Verlauf der Arbeit noch ausführlicher betrachtet.

Es stellt sich also die berechtigte Frage, mit welchen Mitteln man das Projektmanagement unterstützen kann. Eine mögliche Technologie um dies zu realisieren könnten die *Wikis* sein, welche durch den Web 2.0 Boom große Aufmerksamkeit erlangt haben.

---

[1] http://www.ac-b.de
[2] http://www.pmqs.de

Der Erfinder des ersten Wikis, *Ward Cunningham*, weist schon in seinem Standardwerk *The Wiki Way* auf den potenziellen Nutzen von Wikis für das Projektmanagement hin.[3] Cunningham entwarf das erste Wiki bereits im Jahr 1994. Die folgende Grafik[4] lässt jedoch darauf schließen, dass das Thema „Wiki" erst parallel zu anderen Web 2.0 Technologien für die breite Masse interessant wurde. Zu sehen ist das qualitative Suchvolumen nach den Begriffen „wiki" und „blog" bei der Suchmaschine Google.

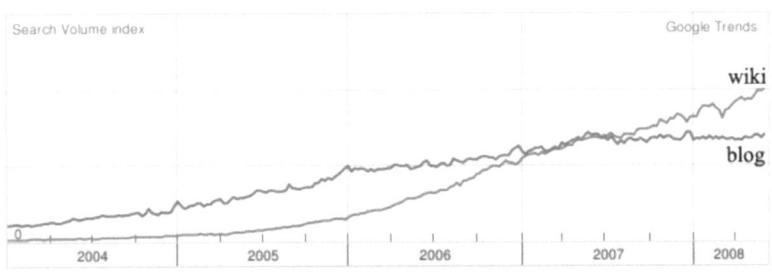

Abbildung 2: Suchvolumen Wiki - Blog

Beachtlich ist, dass das vorerst geringe Interesse an Wikis die Nachfrage nach Blogs, welche zu stagnieren scheint, hier überschritten hat. Ein etwas widersprüchliches Bild liefert jedoch der *Gartner Hype Cycle for Emerging Technologies* aus dem Jahr 2007.[5]

---

3 Vgl. Leuf/Cunningham 2005, S. 35
4 http://www.google.com
5 http://www.gartner.com, Aus http://www.groupereflect.net/

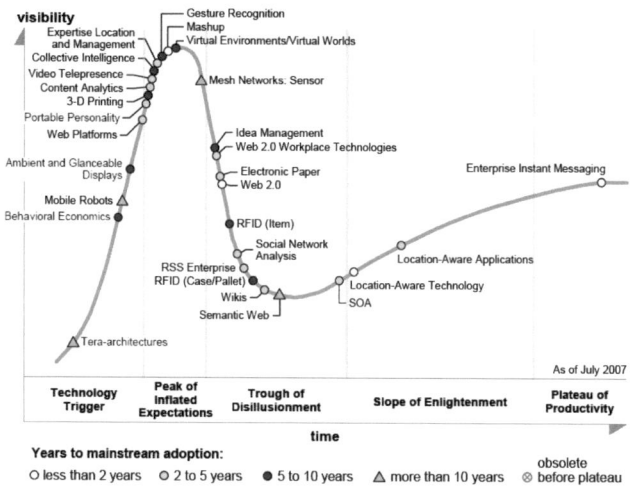

Abbildung 3: Gartner Hype Cycle for Emerging Technologies 2007

Hier befinden sich die Wikis im *Trough of Disillusionment*, dem „Tal der Ernüchterung". Dies bedeutet, dass die Wikis, laut Gartner, an einem Punkt angekommen sind, an dem die überzogenen Erwartungen aus der vorherigen Phase, dem *Peak of Inflated Expectations*, nicht erfüllt wurden. Für die Zukunft bedeutet dies jedoch ebenso, dass die Analysten von Gartner den Wikis in den Folgephasen eine große Rolle im Bereich der IT zumessen. Die Entwicklung der Wikis im Gartner Hype Cycle von 2005 bis 2007 sowie eine Beschreibung der einzelnen Phasen kann dem Anhang entnommen werden.

Nachdem einleitend die allgemeine Signifikanz der Themen *Wikis* und *Projektmanagement* aufgezeigt wurde, folgt nun eine Darstellung der Ziele sowie des Aufbaus dieser Arbeit. Die theoretischen Grundlagen zu Wikis und Projektmanagement werden in Kapitel 3 behandelt. Da in dieser Arbeit schwerpunktmäßig auf das Projektmanagement im Bereich der IT eingegangen wird und das implementierte Wiki in einem Softwareunternehmen zum Einsatz kommt, werden die Grundlagen zum Thema *Software Engineering* hier ebenfalls erörtert.

Es wird erläutert werden, aus welchen Gründen Projekte, speziell IT-Projekte, scheitern und wie dies mit dem Einsatz von Wikis als Projektmanagement-Tool verhindert bzw. die Situation für das Projektmanagement verbessert werden kann. Hierzu werden vorerst die theoretischen Grundlagen über Wikis, Projektmanagement und Software Engineering dargestellt und diese Themen miteinander in Bezug gebracht.

Im späteren Verlauf der Arbeit wird dargelegt, welche Anforderungen ein Wiki erfüllen muss, um in einem mittelständischen Softwareunternehmen wie der AC-B GmbH als Projektmanagement-Tool nutzenbringend eingesetzt werden zu können. Als Praxisbeispiel dienen die Anforderungsanalyse, die Konzeption, der Auswahlprozess und die prototypische Implementierung eines Wikis bei der AC-B GmbH. Anhand eines konkreten Szenarios wird der potenzielle Nutzen des implementierten Wikis veranschaulicht.

Längerfristig gesehen könnte das implementierte Wiki das Wissens-, Dokumenten- sowie das Projektmanagement der AC-B GmbH unterstützen. Die Ergebnisse dieser Arbeit sollen hierbei auch auf andere Projekte und Unternehmen, beispielsweise auf einen Kunden der AC-B GmbH, übertragen werden können.

2 Problemstellung

Die AC-B GmbH, ein mittelständisches Softwareunternehmen mit zehn Mitarbeitern und zwei BA-Studenten, hat ihre Hauptgeschäftsfelder im Umfeld von Systemwartung und -Pflege sowie der Softwareentwicklung im Bereich der Luft- und Raumfahrt. Organisatorisch handelt es sich um eine reine Projektorganisation, womit dem Projektmanagement bei der AC-B GmbH eine besonders entscheidende Rolle zufällt.

Die Firmen- und Projektdokumentationen sind in Form von MS Office- und PDF-Dateien auf einem zentralen NAS File Server gespeichert. Dieser ist unterteilt in ein öffentlich zugängliches Laufwerk, auf dem alle Mitarbeiter an Dokumenten arbeiten können, sowie ein Laufwerk für das Konfigurationsmanagement, auf dem die aktuellsten Versionen von Dokumentationen etc. abgelegt sind und auf das nur die Geschäftsleitung und Netzwerkadministratoren Schreibzugriff haben.

Persönliches Wissen wird von jedem Mitarbeiter unterschiedlich verwaltet. Manche erstellen Textdateien mit Notizen zu Kunden und Projekten und legen diese in ihrem Nutzerverzeichnis aus dem Server oder lokal auf dem Arbeitsplatzrechner ab. Andere erstellen HTML-Dateien mit Notizen und Verweisen auf Quellen im Internet und dem File Server, wieder andere machen sich Notizen auf Papier und Post Its. Projektbezogenes Wissen wird, teilweise redundant, in entsprechenden Ordnern auf dem Server abgelegt. Zur Ordnerstruktur auf dem Server bestehen jedoch nur Richtlinien für die obersten Hierarchieebenen.

Diese Vorgehensweise im Umfeld von Dokumenten- und Wissensmanagement bringt folgende Probleme mit sich:

- Gleichzeitiges Arbeiten von mehreren Mitarbeitern an einem Dokument ist nicht möglich bzw. nur durch Bearbeitung von Kopien der Dokumente zu erreichen, was die Gefahr von Inkonsistenzen mit sich bringt.
- Daten werden teilweise redundant gehalten.
- Mitarbeiter haben keinen Zugriff auf für sie evtl. relevantes Wissen anderer Mitarbeiter, finden es nicht oder wissen nicht einmal, dass dieses Wissen existiert.
- Fehlende Richtlinien führen zu einer unübersichtlichen Ordnerstruktur, was zu Folge hat, dass:
- Mitarbeiter regelmäßig Zeit aufwenden müssen, um Dokumente zu suchen und

- Neue Ordner für bereits vorhandene Daten an anderer Stelle angelegt werden, da die vorhandenen Daten nicht gefunden werden oder deren Existenz nicht bekannt ist – was wiederum zu Redundanz führt.

Ein Wiki könnte dazu beitragen diese Probleme zu bewältigen und das Wissens- und Dokumentenmanagement effizienter zu gestalten. Da es sich bei der AC-B GmbH um eine reine Projektorganisation handelt, hätte dieser Umstand ebenso indirekte positive Auswirkungen auf das Projektmanagement. In einem weiteren Schritt könnte das Wiki auch aktiv als Tool für das Projektmanagement eingesetzt werden.

Um dies zu erreichen muss ein Wiki ausgewählt werden, welches die allgemeinen Anforderungen an ein Wiki aus der Literatur sowie die betrieblichen Anforderungen der AC-B GmbH erfüllt. Die Anforderungen der Mitarbeiter an das System stellen hier einen sehr wichtigen Punkt dar, da ein Wiki von der Partizipation seiner Nutzer lebt. Die Spezifikation der Anforderungen ist eines der Ergebnisse dieser Arbeit.

Ferner muss sichergestellt werden, dass sich das zu implementierende Wiki ohne allzu großen Aufwand und ohne Gefahren für die IT-Sicherheit in die bestehende Infrastruktur der AC-B GmbH integrieren lässt. Hierbei müssen die technischen Richtlinien der AC-B GmbH berücksichtigt werden.

An dieser Stelle sei nochmals darauf hingewiesen, dass es sich um eine *prototypische* Implementierung handelt. Das Erstellen von Dokumentationen zum Projekt, die Erweiterung des Systems durch Plug-Ins sowie eine umfassende Gestaltung des Layouts sind somit nicht Bestandteil dieser Arbeit. Es soll lediglich aufgezeigt werden, welche Möglichkeiten das implementierte System bietet und welche Potenziale es für einen zukünftigen Einsatz bietet.

Man könnte davon ausgehen, dass sich die geringe Anzahl der Mitarbeiter negativ auf den Erfolg des Wikis auswirkt, da dieses so langsamer mit Inhalten gefüllt wird. Jedoch kann die niedrige Zahl an Nutzern den Vorteil mit sich bringen, dass deren Wünsche durch Meetings und persönliche Gespräche besser identifiziert und berücksichtigt werden können, was gute Voraussetzungen für die so wichtige Nutzerakzeptanz schafft.

3 Theoretische Grundlagen

Dieses Kapitel erläutert die theoretischen Grundlagen, welche zum Verständnis der Arbeit erforderlich sind. Behandelt werden die Themen *Projektmanagement*, speziell *IT-Projektmanagement*, *Software Engineering* und *Wikis*. Im Anschluss an dieses Kapitel folgt das Kapitel *Methodik*, welches die Vorgehensweise beim Erstellen dieser Arbeit beschreibt.

3.1 Projektmanagement

Im Folgenden werden die theoretischen Grundlagen zum Thema Projektmanagement erörtert. Es sei an dieser Stelle erwähnt, dass sich die Begriffe *Projekt* und *Projektmanagement* im Rahmen dieser Arbeit, neben allgemeinen Thesen, hauptsächlich auf das Gebiet des Software Engineering beziehen. Aufgrund der Komplexität und des hohen Umfangs des Themas wird nur ein allgemeiner Überblick über das Projektmanagement gegeben. Die für diese Arbeit weniger relevanten Aspekte werden ausgelassen.

3.1.1 Begriffsdefinitionen

Für den Projektbegriff sind in der Literatur zahlreiche Beispiele vorhanden, von denen nun einige angeführt werden. Die erste Definition richtet sich hierbei stark an Projekte im Bereich der Softwareentwicklung:

In einem Projekt *„wird davon ausgegangen, dass es definierte Projektziele gibt, die Dauer des Projekts begrenzt ist und eine Neu- oder Weiterentwicklung eines Software-Systems durchgeführt werden soll."*[6]

Eine allgemeinere Definition spezifiziert ein Projekt als *„ein Vorhaben mit definiertem Beginn und Abschluss, das sich im Gegensatz zu den regelmäßig wiederkehrenden Arbeitsabläufen eines Unternehmens durch folgende Merkmale beschreiben lässt: Einmaliger und zeitlich begrenzter Lebenszyklus und relativ hohe technologische und/oder manageriale Komplexität und Neuartigkeit."*[7]

---

[6] Kitz 2004, S. 212

[7] Madauss 2000, S. 538

Die DIN spricht von einem *„Vorhaben, das im Wesentlichen durch Einma-ligkeit der Bedingungen in ihrer Gesamtheit gekennzeichnet ist, wie z. B.:*

- *Zielvorgabe*
- *Zeitliche, finanzielle oder andere Begrenzungen*
- *Abgrenzung gegenüber anderen Vorhaben*
- *Projektspezifische Organisation"*[8]

Zu beachten ist, dass bereits hier die in der Einleitung erwähnten Faktoren des magischen Dreiecks, *Zeit*, *Kosten* und *Qualität*, teilweise herangezogen werden.

Das *Projektmanagement* umfasst hierbei *„alle Aktivitäten, um zu gewährleisten, dass die Projektziele eingehalten werden können. Dies sind speziell Planungs-, Überwachungs- und Steuerungs-Methoden."*[9]

Laut DIN wird unter Projektmanagement *„die Gesamtheit von Führungsaufgaben, Führungsorganisation, Führungstechniken und -mitteln für die Projektabwicklung"*[10] verstanden. *„Dabei ist der Begriff ,Führung' als die Steuerung der verschiedenen Aktivitäten im Projekt im Hinblick auf die übergeordneten Projektziele zu verstehen."*[11]

3.1.2 Die Formen der Projektorganisation

Die verwendeten Begrifflichkeiten und Zuordnungen zu verschiedenen Projektorganisationen unterscheiden sich in der Literatur je nach herangezogener Quelle geringfügig. Auf Basis diverser Quellen[12, 13, 14] wird nun eine Zusammenfassung der gängigsten Definitionen und Begriffe für verschiedene Formen von Projektorganisationen erarbeitet.

Stabs-Projektorganisation

Die Stabs-Projektorganisation, oft auch als Einfluss-Projektorganisation bezeichnet, kennzeichnet sich dadurch, dass ein Mitarbeiter die Leitung eines Projekts parallel zu seinen gewöhnlichen Tätigkeiten wahrnimmt. Die organisatorische Form des Unternehmens wird hierbei lediglich um eine Stabsstelle ergänzt. Bei dieser Organisationsform hat der Projektlei-

---

[8] DIN 1994
[9] Kitz 2004, S. 212
[10] DIN 1994
[11] Hindel et al 2006, S. 8
[12] Vgl. Schönert 2002, S. 37 ff
[13] Vgl. Hindel et al 2006, S. 202 ff
[14] Vgl. Schindler 2002, S. 64 f

ter eine sehr geringe Weisungsbefugnis. Der Vorteil bei dieser Form der Projektorganisation liegt darin, dass durch die geringe organisatorische Umstrukturierung im Unternehmen wenig Aufwand entsteht. Die Stabs-Projektorganisation findet Anwendung bei Projekten mit geringer Komplexität und einer weniger großen Bedeutung für das Unternehmen.

Matrix-Projektorganisation

Bei der Matrix-Projektorganisation werden die Aufgaben für die Mitarbeiter zwischen Projekttätigkeiten und Tätigkeiten für die Primärorganisation verteilt. Gegebenenfalls kann ein Mitarbeiter auch in mehreren Projekten gleichzeitig eingesetzt werden. Der Projektleiter verfügt hier über eine wesentlich höhere Weisungsbefugnis als bei der Stabs-Projektorganisation. Dies führt dazu, dass die jeweiligen Mitarbeiter zwei Vorgesetzte haben. Hierbei unterliegt dem Projektleiter die fachliche- und dem Abteilungsleiter die Personalverantwortung. Dieser Umstand birgt ein gewisses Konfliktpotential und erfordert von den Vorgesetzten Kooperationsbereitschaft. Andererseits bietet die Matrix-Projektorganisation ein hohes Maß an Flexibilität beim Personal- und Ressourceneinsatz. Sie findet Anwendung bei mehreren parallel laufenden Projekten niedriger bis mittlerer Komplexität.

Reine Projektorganisation

Bei der reinen Projektorganisation sind die Mitarbeiter vollständig aus ihren Abteilungen herausgelöst und arbeiten nur noch an dem Projekt. Dies kann so weit gehen, dass ein Unternehmen zu weiten Teilen nur noch in Projekten organisiert ist. Der Projektleiter hat in diesem Fall die alleinige Weisungsbefugnis über die Mitarbeiter im Projekt. Führungskräfte außerhalb des Projekts haben hier allenfalls noch eine beratende Funktion. Im Gegensatz zur Stabsorganisation ist in diesem Fall der Aufwand der Umorganisation für das Unternehmen sehr hoch. Ebenso besteht die Gefahr, dass Routineprozesse im Unternehmen vernachlässigt werden und dass Mitarbeiter nach Abschluss des Projekts schwer in ihre einstigen Abteilungen zurückintegriert werden können. Andererseits ermöglicht diese Form der Projektorganisation eine schnelle Entscheidungsfindung im Projekt und erhöht die Mitarbeitermotivation, da diese sich besser mit dem Projekt identifizieren und allein darauf konzentrieren. Auch besteht hier, sowohl für den Auftraggeber als auch für die Mitarbeiter, nur eine Anlaufstelle (der Projektleiter), was die externe Kundenorientierung verbessert. Die reine Projektorganisation wird eingesetzt bei komplexen Großprojekten, ist aber auch bei einer geringen Zahl an Mitarbeitern denkbar.

Diese Form der Projektorganisation kommt auch bei der AC-B GmbH zum Einsatz. Die Mitarbeiter verwenden einen Großteil der Arbeitszeit auf die jeweiligen Projekte und kümmern sich nur bei Bedarf um firmeninterne Tätigkeiten wie Netzwerkadministration, Vertrieb etc. Der eben angeführte Nachteil bei reinen Projektorganisationen, nämlich der Umstand, dass die Routinetätigkeiten im Unternehmen eventuell vernachlässigt werden, könnte den Grund für einige der in Kapitel 2 aufgeführten Probleme beim Wissens- und Dokumentenmanagement darstellen.

3.1.3 Die Phasen eines Projekts

Phasenmodelle für Projekte unterscheiden sich je nach Projektart, sind in ihren Grundzügen jedoch immer relativ ähnlich. Das gängige Phasenmodell in der Softwareentwicklung, welches für diese Arbeit relevant ist, wird im folgenden Abschnitt *Software Engineering* dargelegt. Zum Vergleich ein kurzes Beispiel eines Phasenmodells einer anderen Branche, in der die AC-B GmbH ebenfalls situiert ist, der Raumfahrt:

„A: Konzeptphase mit den Schritten Formulierung der Projektzielsetzung, Durchführung von Systemanalysen, Konzeptauswahl und Projektformulierung, vorläufige Projektplanung.

B: Definitionsphase mit den Schritten Detaillierung der Projektplanung, Projekt- und Systemoptimierung sowie abschließende Projekt- und Systemplanung.

C: Entwurfs- und Entwicklungsphase mit den Schritten Spezifikation des Entwicklungsauftrags, detaillierter Entwurf und Testmodelle, System- und Teilsystementwicklung, Prototypenentwicklung und Test sowie Entwicklungsabschluss.

D: Fertigungs-, Betriebs- und Wartungsphase, Teilefertigung, Montage und Test sowie Inbetriebnahme.

E: Aussonderungsphase"[15]

Generell lassen sich Projekte unterteilen in die *Vorphase, Analysephase, Konzeptionsphase, Realisierungsphase, Testphase, Abnahmephase* und *Abschlussphase*. Am Ende einer jeden Projektphase steht ein eindeutig definierter Meilenstein, an dem ein konkretes Ergebnis vorliegt, zum Beispiel ein erstelltes Pflichtenheft.[16]

---

[15] Schönert 2002, S. 25
[16] Vgl. Hindel et al 2006, S. 6

3.1.4 Aufgaben des Projektmanagements

Laut der bereits angeführten Definition beschäftigt sich das Projektmanagement mit Planungs-, Überwachungs- und Steuerungs-Methoden, um
das Erreichen des Projektziels sicherzustellen. Konkret gehören hierzu
unter anderem:

- Festlegung von Rahmenbedingungen für das Projekt wie beispielsweise die Wahl der Projektorganisation, Besprechungspla-
  nung oder Aufstellen von Eskalationsstrategien.

- Erstellung einer Aufwandsschätzung, um zu erkennen, ob die Projektziele realisierbar sind.

- Planung des Projektverlaufs, um notwendige Aktivitäten wie Qualitätsmanagement, Konfigurationsmanagement etc. zu detaillie-
  ren und den Mitarbeitern zuzuordnen.

- Beauftragung der Mitarbeiter, um diese über die von ihnen erwar-
  teten Arbeitsergebnisse zu informieren.

- Ermittlung der Projektsituation mit Hilfe von Besprechungen und
  Arbeitsberichten. Basierend auf den gewonnenen Erkenntnissen
  folgt die

- Bewertung der Projektsituation, um festzustellen, ob alle notwendigen Aktivitäten durchgeführt wurden und die Projektziele nach
  wie vor innerhalb der vorgegebenen Zeit und des vorgegebenen
  Budgets realisierbar sind (siehe magisches Dreieck). Falls dies
  nicht der Fall ist, folgt die

- Einleitung steuernder Maßnahmen.

- Durchführung des Projektabschlusses und Analyse des Projektverlaufs.[17]

Eines scheint sich bereits jetzt abzuzeichnen: Im Projektmanagement
spielen *Kommunikation*, *Koordination* und *Kooperation* eine große Rolle,
sowie zwischen der Projektleitung und den Mitarbeitern, als auch unter
den Mitarbeitern selbst. Diese drei Faktoren sind die Eckpfeiler des 3K-
Modells von Teufel et al[18], auf welches im Abschnitt *3.3 Wikis* noch genauer eingegangen wird. Die genannten Umstände deuten darauf hin, dass
Wikis im Projektmanagement nutzenbringend eingesetzt werden könnten. An dieser Stelle sei nochmals, wie schon in der Einleitung, auf Cun-

---

[17] Vgl. Kitz 2004, S. 49 ff
[18] Vgl. Teufel et al 1995

ningham hingewiesen, der Wikis ebenfalls als potenzielle Tools für das Projektmanagement eingestuft hat.

3.1.5 Die Faktoren Zeit, Kosten und Qualität

Nun soll anhand entsprechender Quellen[19, 20] auf die bereits des Öfteren erwähnten Aspekte Zeit, Kosten und Qualität, welche in jedem Projekt konkurrierende Faktoren darstellen, eingegangen werden.[21] Das hierbei oftmals angeführte magische Dreieck wird übrigens auch hin und wieder als „Konfliktdreieck des Projektmanagements" bezeichnet, was die Situation sehr treffend beschreibt. Dies soll anhand einer Veranschaulichung der Wechselwirkungen zwischen diesen Faktoren verdeutlicht werden.

Der Zeitfaktor

Projekte müssen in den meisten Fällen zu einem bestimmten Zeitpunkt fertiggestellt werden, beispielsweise, wenn ein Produkt auf einer Messe präsentiert werden soll oder der Auftraggeber dies in den Anforderungen festgelegt hat. Nachdem die Anforderungen an das Projekt klar definiert wurden, wird mit Hilfe einer Aufwandsschätzung und der allgemeinen Projektplanung das Terminziel definiert. Kontrolliert wird dies durch die bereits angesprochene Erfassung des Projektfortschritts und entsprechende Hochrechnungen.

Der Kostenfaktor

Die Kosten müssen in jedem Projekt stets in einem definierten Rahmen gehalten werden. Neben den Faktoren Zeit und Qualität ist gerade der Kostenfaktor einer der wesentlichen Aspekte, an welchen ein Projekt gemessen wird. Da ein Großteil der Projektkosten aus Personalkosten besteht, kann die Kostenschätzung durch die bereits für das Terminziel erstellte Aufwandsschätzung erfolgen. Ebenso sind jedoch auch alle weiteren für das Projekt anfallenden Kosten zu erfassen, welche sich aus der Projektplanung ergeben haben. Während der Überwachung des Projekts müssen Planabweichungen analysiert und die neue Kostensituation erneut hochgerechnet werden.

Der Qualitätsfaktor

Es sei vorerst darauf hingewiesen, dass der Begriff *Qualität* subjektiv ist und es demnach keine allumfassende Definition dieses Begriffs geben

---

[19] Vgl. Hindel et al 2006, S. 6 f
[20] Vgl. Kitz 2004, S. 27 ff
[21] Anm.: Die von Kitz vorgenommene Trennung zwischen Sach- und Qualitätsziel wird hier aufgehoben und beide Faktoren zusammen als Qualitätsfaktor erläutert.

kann. In Anlehnung an die ISO-Richtlinien zum Qualitätsmanagement könnte man an dieser Stelle jedoch Qualität als Erfüllung von Anforderungen beschreiben.[22] Im Rahmen der Anforderungsanalyse und im erstellten Pflichtenheft werden die Anforderungen an das System festgehalten, die es zu erfüllen gilt. Hierbei ist es sehr wichtig, die Anforderungen widerspruchsfrei, vollständig und überprüfbar zu dokumentieren. Die Erfüllung der Anforderungen ist durch regelmäßige Reviews und Tests zu gewährleisten.

Die Wechselwirkungen

Nun wird dargestellt, ich welcher Weise sich die eben angesprochenen Faktoren gegenseitig beeinflussen können.

Angenommen, ein Projekt muss früher als geplant fertiggestellt werden, beispielsweise wegen einer wichtigen Messe, so geht dies immer zu Lasten der Kosten oder der Qualität, da entweder mehr Personal eingesetzt werden muss, was ebenso den Koordinationsaufwand innerhalb des Projekts erhöht, oder nicht alle Anforderungen umgesetzt werden können. Ebenso denkbar wäre eine festgestellte Planabweichung während des Projekts, was die selben Folgen hätte.

Auch ist es denkbar, und in der Praxis auch oft vorzufinden, dass Anforderungen nicht genau definiert wurden und zu einem späteren Zeitpunkt im Projekt neue Funktionalitäten implementiert werden sollen oder vorhandene angepasst werden müssen. Um das Terminziel einhalten zu können, müssen in diesem Fall zusätzliche Ressourcen bereitgestellt werden, andernfalls verschiebt sich der Fertigstellungszeitpunkt nach hinten.

Ob ein Projekt überhaupt durchführbar ist, wird sehr stark durch das zur Verfügung stehende Budget entschieden. Würde im Falle eines Liquiditätsengpasses während des Projekts das Budget gekürzt, müssten entweder Mitarbeiter aus dem Projekt abgezogen werden, was wiederum das Terminziel gefährdet, oder es muss auf die Erfüllung bestimmter Anforderungen verzichtet werden, was wie schon beschrieben den Qualitätsfaktor negativ beeinflussen würde.

3.1.6 Erfolgsfaktoren und Gründe für das Scheitern von Projekten

Bereits im vorausgegangenen Abschnitt wird deutlich, dass das Erreichen aller Projektziele sehr schwer ist. In diesem Abschnitt sollen nun konkrete Gründe für das Scheitern von Projekten aufgezeigt werden, die in der Li-

---

[22] Vgl. EN ISO 9000:2005

teratur zu finden sind. Ebenso werden anschließend die wichtigsten Faktoren für erfolgreich abgeschlossene Projekte genannt.

Hindel et al nennen unter Herannahme einer Studie aus den USA folgende Faktoren für den Misserfolg von Projekten:[23]

- Unvollständige/ungenaue Anforderungen: 13,1%
- Mangelnde Einbeziehung der Beteiligten: 12,4%
- Ressourcenmangel: 10,6%
- Unrealistische Erwartungen: 9,9%
- Mangelnde Unterstützung vom Management: 9,3%
- Sich häufig ändernde Anforderungen: 8,7%
- Mangelhafte Planung: 8,1%
- Wird nicht mehr benötigt: 7,5%
- Mangelndes IT-Management: 6,2%
- Mangelndes Technologiewissen: 4,3%

Hindel et al weisen darauf hin, dass unter „Mangelnde Einbeziehung der Beteiligten" insbesondere das Umfeld der Projektkommunikation verstanden werden kann und stellen mangelndes Anforderungsmanagement als den „Misserfolgsfaktor schlechthin für Softwareprojekte" dar.

Diese These wird bestätigt durch Hofmann und Lehner, welche ebenfalls die Relevanz der Kommunikation herausstellen:

„Teams often struggle with fluctuating requirements, communication breakdowns, and difficulties in prioritizing requirements. RE goes through recurrent cycles of exploring the perceived problem, proposing improved specifications, and validating and verifying those specifications. It is a learning, communication, and negotiation process; to succeed, you must integrate your technical, cognitive, social, and organizational processes to suit your project's particular needs and characteristics."[24]

Als Erfolgsfaktoren für Projekte führen Hindel et al folgendes an:[25]

- Geeignete Unternehmensorganisation für die Projektabwicklung
- Hoher Stellenwert von Projektleitung im Unternehmen
- Definierte Entwicklungsprozesse, die auch angewendet werden
- Verfügbarkeit von Ressourcen
- Qualifikation der Mitarbeiter

---

[23]   Hindel et al 2006, S. 4
[24]   Hofmann / Lehner 2001, S. 66
[25]   Hindel et al 2006, S. 7

- Funktionierendes Qualitätsmanagement
- Kommunikationsprobleme meistern
- Verteilte Entwicklung beherrschen

Die Kritikalität der Faktoren *Kommunikation, Koordination, Kooperation* wurde hier nochmals herausgestellt, was stark darauf hindeutet, dass Wikis im Projektmanagement nutzenbringend eingesetzt werden könnten. Diese Argumentation wird später im Abschnitt *3.3 Wikis* fortgeführt und genauer erläutert.

3.2 Software Engineering

In diesem Abschnitt werden die theoretischen Grundlagen zum Thema Software Engineering erörtert. Dabei wird auf die spezifischen Probleme bei der Entwicklung von Software eingegangen und die allgemeinen Charakteristika von Software an sich aufgezeigt. Abschließend werden die jeweiligen Phasen im Softwareentwicklungsprozess genauer betrachtet. Als Quelle für diesen Abschnitt der Arbeit dient das Standardwerk *Lehrbuch der Software-Technik – Software-Entwicklung* von Helmut Balzert.[26]

3.2.1 Begriffsdefinition

Balzert führt diverse Definitionen an, von denen nun einige vorgestellt werden. Vorerst zwei Beispiele für Definitionen des Begriffs *Software*:

„Unter Software subsumiert man alle immateriellen Teile, d.h. alle auf einer Datenverarbeitungsanlage einsetzbaren Programme."[27]

„Computer programs, procedures, and possibly associated documentation and data pertaining to the operation of a computer system."[28]

Die von Balzert aus der Literatur erarbeitete Definition von Software-Technik, was als Synonym für Software Engineering verwendet wird, lautet:

„Zielorientierte Bereitstellung und systematische Verwendung von Prinzipien, Methoden und Werkzeugen für die arbeitsteilige, ingenieurmäßige Entwicklung und Anwendung von umfangreichen Software-Systemen. Zielorientiert bedeutet die Berücksichtigung z. B. von Kosten, Zeit, Qualität."[29]

---

[26] Balzert 2000
[27] Schneider 1986
[28] IEEE 1990, S. 66
[29] Balzert 2000, S. 36

Wie man sieht nennt auch Balzert in seiner Definition von Software Engineering die drei Faktoren des magischen Dreiecks. Ebenso wird auf die arbeitsteilige Vorgehensweise in der Softwareentwicklung hingewiesen, was uns an die im Projektmanagement hervorgehobenen Aspekte der *Kommunikation, Koordination* und *Kooperation* erinnert.

Dies ist ein Indiz dafür, dass Wikis in der Softwareentwicklung nutzenbringend eingesetzt werden könnten, was unterstützt wird von Louridas:

"No single correct way exists for using a wiki in software development (...). Wikis are especially useful in distributed projects: many teams around the world use them to organize, track, and publish their work. Their flexibility frees a project manager from fretting about getting everything exactly right from the beginning. A wiki can and should change to respond to the project's needs as they arise."[30]

3.2.2 Charakteristika von Software

In Anlehnung an Balzert werden hier die spezifischen Charakteristika von Software genannt, welche diese von anderen technischen Produkten unterscheidet.[31] Anschließend wird aufgezeigt, zu welchen Vor- und Nachteilen diese Umstände bei der Entwicklung von Software führen.

- Software ist ein immaterielles Produkt
- Software unterliegt keinem Verschleiß
- Software unterliegt keinen physikalischen Gesetzen
- Software ist, im Vergleich zu anderen technischen Produkten, relativ leicht und schnell veränderbar
- Für Software gibt es keine Ersatzteile
- Software veraltet
- Software kann man nur schwer „vermessen"

Als Faktoren für die Veränderung von Software an sich in den letzten 20 Jahren nennt Balzert anschließend unter anderem die wachsende Bedeutung und Komplexität von – sowie die steigenden Qualitätsanforderungen an Software.

Laut Balzert ergeben sich durch die genannten speziellen Softwareeigenschaften bestimmte Problematiken bei deren Entwicklung. So hat die Immaterialität von Software beispielsweise zur Folge, dass der Entwicklungsfortschritt nicht objektiv ermittelbar ist. Da sich die Umgebung, in

---

[30] Louridas 2006, S. 90
[31] Vgl. Balzert 2000, S. 26 ff

der eine Software zum Einsatz kommt, stetig ändert, unterliegt Software in gewissem Sinne einem Alterungsprozess und kann irgendwann nicht mehr zu ihrem ursprünglich gedachten Zweck eingesetzt werden. Die Konsequenz ist, dass die Software stetig erweitert oder an neue Gegebenheiten angepasst werden muss. Da man Software auch wie schon gesagt nicht einfach „vermessen" kann, ist deren Qualität schwer definierbar oder quantifizierbar.

Die leichte Änderbarkeit und die fehlenden physikalischen Grenzen geben dem Entwickler jedoch einen großen Gestaltungsspielraum. Zwar wurde angeführt, dass Software „altert", jedoch unterliegt sie keinem physikalischen Verschleiß bei dem es notwendig wäre, verschlissene Teile auszutauschen.

3.2.3 Das Phasenmodell im Software Engineering

Der Softwareentwicklungsprozess wird in sechs verschiedene Phasen eingeteilt, welche, nochmals nach Balzert, an dieser Stelle beschrieben werden sollen.

1. Die Planungsphase

„Bevor mit der eigentlichen Entwicklung eines Software-Produkts begonnen werden kann, muss durch eine Voruntersuchung oder Durchführbarkeitsuntersuchung die fachliche, ökonomische und personelle Durchführbarkeit gezeigt werden. Am Ende der Planungsphase steht die Entscheidung über die weitere Vorgehensweise: Weitermachen oder beenden (stop or go). (...) Die Ergebnisse (...) münden in eine Durchführbarkeitsstudie, die folgende Artefakte enthält: Lastenheft, Glossar, Projektkalkulation, Projektplan. Die Tätigkeiten in der Planungsphase haben also das Ziel zu prüfen, ob ein Produkt entwickelt werden soll."[32]

2. Die Definitionsphase

„Zu den wichtigsten Tätigkeiten innerhalb des Software-Entwicklungsprozesses gehören das Definieren der Produkt-Anforderungen und die Modellierung der fachlichen Lösung. Jedes Produkt soll bestimmte Anforderungen erfüllen. (...) Das Ergebnis der Definitionsphase ist die Produkt-Definition, die folgende Artefakte enthält: Erweitertes Glossar, Pflichtenheft, Produkt-Modell, Oberflächen-Prototyp oder Pilotsystem, Benutzerhandbuch."[33]

---

[32]   Balzert 2000, S. 58 ff
[33]   Balzert 2000, S. 98 f

3. Die Entwurfsphase

„Aufgabe des Entwerfens (design) ist es, aus den gegebenen Anforderungen an ein Software-Produkt eine software-technische Lösung im Sinne einer Software-Architektur zu entwickeln. Die Entwurfstätigkeiten werden in der Entwurfsphase durchgeführt. (...) Die Ergebnisse der Definitionsphase bilden den Ausgangspunkt und die Grundlage des Entwerfens. (...) Ziel des Software-Entwurfs ist es, für das zu entwerfende Produkt eine Software-Architektur zu erstellen, die die funktionalen und nicht-funktionalen Produktanforderungen sowie allgemeine und produktspezifische Qualitätsanforderungen erfüllt und die Schnittstellen zur Umgebung versorgt. "[34]

4. Die Implementierungsphase

„Aufgabe des Programmierens ist es, aus vorgegebenen Spezifikationen für eine Systemkomponente diese zu implementieren, d.h., die geforderten Leistungen in Form eines oder mehrerer Programme zu realisieren. Die Programmiertätigkeiten werden in der Implementierungsphase durchgeführt. (...) Die Ergebnisse der Entwurfsphase bilden den Ausgangspunkt der Implementierung. (...) Die Tätigkeit ,Implementieren des Produktes' beinhaltet u.a. folgende Einzelaktivitäten:

- *Konzeption von Datenstrukturen und Algorithmen,*
- *Strukturierung des Programms durch geeignete Verfeinerungsebenen,*
- *Dokumentation der Problemlösung und der Implementierungsentscheidungen durch geeignete Verbalisierung und Kommentierung,*
- *Umsetzung der Konzepte in die Konstrukte der verwendeten Programmiersprache,*
- *Angaben zur Zeit- und Speicherkomplexität des Programms in Abhängigkeit von den Eingabegrößen,*
- *Test oder Verifikation des entwickelten Programms einschließlich Testplanung und Testfallerstellung bei Anwendung einer Testmethode.* "[35]

5. Die Abnahme- und Einführungsphase

„In der Abnahmephase werden folgende Tätigkeiten ausgeführt: Übergabe des Gesamtprodukts einschließlich der gesamten Dokumentation an den Auftraggeber. (...) Mit der Übernahme verbunden ist meist ein Abnahmetest. (...) Das Ergebnis der Abnahmephase ist das Abnahmeprotokoll. In ihm wer-

---

[34] Balzert 2000, S. 686 ff
[35] Balzert 2000, S. 1064 f

den alle relevanten Eingabedaten, durchgeführten Tests und erhaltenen Ergebnisse festgehalten. Nach erfolgreichen Tests erfolgt die Abnahme.

Handelt es sich um ein auftragsbezogenes Produkt, dann erfolgt nach der Abnahme die Einführung des Produkts beim Auftraggeber. In der Einführungsphase werden folgende Tätigkeiten ausgeführt: Installation des Produkts (...), Schulung der Benutzer (...) und Inbetriebnahme des Produkts. Alle Vorkommnisse, die in der Einführungsphase auftreten, werden in einem Einführungsprotokoll festgehalten."[36]

6. Die Wartungs- und Pflegephase

„Mit der erfolgreichen Abnahme und Einführung eines Software-Produkts beginnt seine Wartung und Pflege. (...) Wartung beschäftigt sich mit der Lokalisierung und Behebung von Fehlerursachen bei in Betrieb befindlichen Software-Produkten, wenn die Fehlerwirkung bekannt ist. (...) Pflege beschäftigt sich mit der Lokalisierung und Durchführung von Änderungen und Erweiterungen von in Betrieb befindlichen Software-Produkten, wenn die Art der gewünschten Änderungen/Erweiterungen festliegt."[37]

3.3 Wikis

Der nun folgende Abschnitt legt die theoretischen Grundlagen über Wikis dar. Es wurde nun schon mehrfach angedeutet, jeweils mit einem Bezug auf das 3K-Modell, dass Wikis in den Bereichen Projektmanagement und Software Engineering nutzenbringend eingesetzt werden können. Dies wird hier nun abschließend durch entsprechende Quellen belegt. Ebenso wird der Begriff *Wiki* definiert und Anwendungsgebiete von Wikis aus der Praxis vorgestellt. Die Grundlagen zu Wikis, CSCW und dem 3K-Modell wurden teilweise in Anlehnung an eine Bachelorarbeit[38], welche sich in einem ähnlichen Themenumfeld befindet, erarbeitet, die mir freundlicherweise überlassen wurde.

3.3.1 Begriffsdefinition

Zur Definition des Begriffs *Wiki* bietet es sich an, nochmals ein Zitat aus *The Wiki Way* heranzuziehen, diesmal vom Coautor des Buchs Bo Leuf. Dieser beschreibt das *WikiWikiWeb* wie folgt:

„The WikiWikiWeb server concept, most often called simply 'a wiki', originated with Ward Cunningham. A wiki is a freely expandable collection of

---

[36] Balzert 2000, S. 1086 ff
[37] Balzert 2000, S. 1090 ff
[38] Köberich 2006

interlinked Web 'pages', a hypertext system for storing and modifying information – a database, where each page is easily editable by users with a forms-capable Web browser client."[39]

Ward Cunningham ist, wie bereits erwähnt, der Erfinder des ersten Wikis. Cunningham selbst bezeichnete Wikis als *„the simplest online database that could possibly work"*.[40]

3.3.2 Grundlagen

Die steigende Nachfrage und die wachsende Bedeutung von Wikis wurden anfangs bereits aufgezeigt. Inzwischen existieren zahlreiche verschiedene Wiki-Engines, deren Funktionalitätsumfang, Syntax und Semantik sich teilweise stark unterscheiden. Die Quellen, aus denen die Informationen zu den jeweiligen Wiki-Engines für den Auswahlprozess stammen, werden in Kapitel 5 aufgeführt. Aus diesen kann man sich ein relativ umfassendes Bild über die am Markt verfügbaren Lösungen machen.

Das wohl bekannteste Wiki der Welt, welches auch entscheidend zur Bekanntheit der Wikis an sich beigetragen haben dürfte, ist Wikipedia. Zum Zeitpunkt der Erstellung dieser Arbeit umfasst hier allein der englischsprachige Teil etwa 2.431.000 Artikel.[41]

Zum grundlegenden Funktionsprinzip von Wikis schreibt Lange:

„Jeder Benutzer kann – nach Stichworten sortiert – Informationen einstellen. Er kann auch vorhandene Einträge komplett überarbeiten und auch teilweise oder ganz löschen. Dabei ist ein Wiki so einfach wie ein Lexikon aufgebaut: Der Zugriff wird durch Stichworte ermöglicht. Im Text können Referenzen auf weitere Stichworte gesetzt werden. Die Informationen selbst sind sachlich aufbereitet. Die Autoren können nur auf sehr wenige Gestaltungsmerkmale zurückgreifen, was das Lesen einheitlich und die Erstellung leicht macht."[42]

Zum Umgang mit Wikis sind weder ein spezielles Programm, noch Kenntnisse in HTML oder Webprogrammierung erforderlich. Das Lesen und Bearbeiten von Wikis erfolgt allein über einen Browser. Somit werden die technischen Hürden auf ein Minimum reduziert und die eigentliche Philosophie der Wikis tritt in den Vordergrund. An dieser Stelle sei angemerkt, dass der Begriff „WikiWiki" aus dem hawaiianischen stammt und

---

[39] Leuf/Cunningham 2005, S. 14
[40] http://wiki.org
[41] http://www.wikipedia.org/
[42] Lange 2005, S. 18

soviel bedeutet wie „schnell" oder „sich beeilen", was die Philosophie hinter dem Wiki-Konzept des schnellen und einfachen Arbeitens betont.[43] Dennoch müssen zum Umgang mit vielen Wikis spezifische Formatierungsregeln erlernt werden, was manche Menschen als lästig empfinden oder diese sogar ganz von einer Partizipation an einem Wiki abhalten kann.

Zur allgemeinen Zielgruppe von Wikis schreibt Leuf:

"A wiki is not a carefully crafted site for casual visitors. Instead, it seeks to involve the visitor in an ongoing process of creation and collaboration that constantly changes the Web site landscape. "[44]

Die Möglichkeit, dass jeder zur jeder Zeit alle beliebigen Inhalte editieren oder gar löschen kann, bringt natürlich nicht nur Vorteile mit sich. Hierzu schreibt Köberich:

„Die Probleme mit Dilettantismus und Vandalismus sind im Wiki-Umfeld hinreichend bekannt. Dies gilt im Übrigen auch für die höchst unterschiedliche Qualität der Beiträge. Daher verfügen die meisten Wiki-Systeme über ein Versionierungssystem, das im Zuge einer Änderung automatisch die alte Version des Artikels sichert. Dadurch lässt sich der positive Nebeneffekt erzielen, dass die Nutzer den bisherigen Verlauf einsehen und die (Weiter-)Entwicklung eines Artikels verfolgen können."[45]

3.3.3 CSCW und das 3K-Modell

Bei CSCW geht es im Allgemeinen um den Einsatz von Technologien zur Unterstützung der Zusammenarbeit. Somit kann man auch Wikis diesem interdisziplinären Themenumfeld zuordnen, in dem „soziale Interaktion mit dem Ziel analysiert wird, durch die daraus abgeleitete Konzeption, Entwicklung und Evaluierung von Technologie diese effektiver, effizienter und angenehmer zu gestalten."[46]

Im Hinblick auf die Interaktion kann man hierbei unter den bereits des Öfteren angesprochenen Faktoren Kommunikation, Koordination und Kooperation unterscheiden:

Kommunikation: bezieht sich hauptsächlich auf den Austausch von Informationen zum besseren gegenseitigen Verständnis von Personen.

---

[43]   Ebersbach et al 2008, S. 13 ff
[44]   Leuf/Cunningham 2005, S. 16
[45]   Köberich 2006, S. 22
[46]   Gross/Koch 2007, S. 4

21

Koordination: zielt auf die Findung des effektivsten Weges für das Arrangement von operativen Tätigkeiten und die Verteilung von Ressourcen ab.

Kooperation: strebt nach einem gemeinsamen Ziel und beinhaltet normalerweise ebenso die gemeinsame Arbeit an Artefakten.[47]

In Teufel et al werden Groupware-Systeme nach dem Ausmaß der Unterstützung dieser drei Faktoren im *3K-Modell* klassifiziert, was durch die folgende Abbildung[48] veranschaulicht wird.

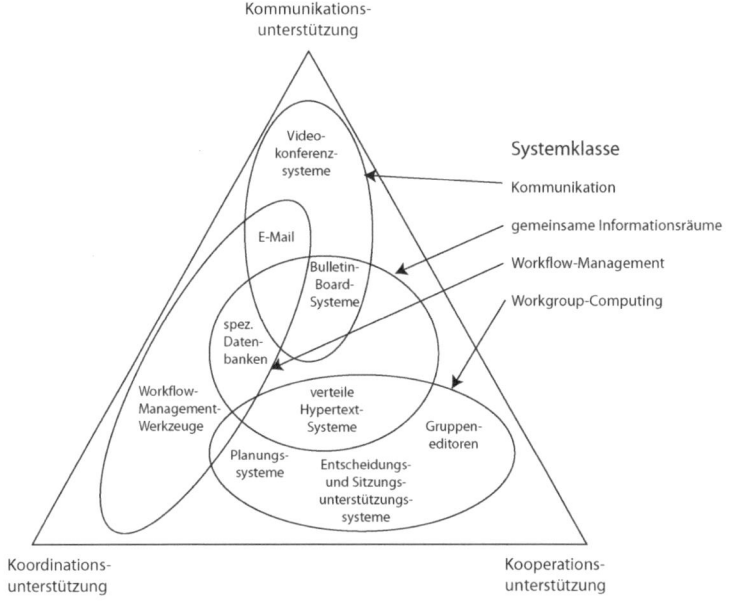

Abbildung 4: 3K-Modell nach Teufel et al

Wikis können keiner Systemklasse eindeutig zugeordnet werden. Im Gegenteil, sie könnten, je nach Anwendungsgebiet und Auslegung, *jeder* Systemklasse zugeordnet werden. Dass Wikis *Gruppeneditoren* und ebenso *verteilte Hypertextsysteme* darstellen können, wurde durch Zitate von Leuf und Cunningham bereits dargelegt. Diese bezeichnen Wikis jedoch genauso als eine Art *Datenbank* oder Tool für gemeinsame *Bulletin Board* Postings.[49] Sicherlich wären, je nach Anwendungsfall, auch noch weitere Zuordnungen denkbar. Dies zeigt, dass Wikis im Bereich der „drei K's" ein

---

[47]   Vgl. Gross/Koch 2007, S. 53
[48]   Aus Köberich 2006, S. 12
[49]   Leuf/Cunningham 2005, S. 14; S. 35; http://wiki.org/wiki.cgi?WhatIsWiki

breites Einsatzspektrum haben. Gross und Koch geben jedoch zu beden-ken: *„Bei fast allen (Wikis) findet man aber einen Mangel an Awareness-Funktionalität. Die für erfolgreiche Groupware so wichtige Information über die Aktivitäten anderer ist meist nur auf explizite Nachfrage (über die Histo-rien oder Subscriptions einzelner Seiten) erhältlich.* "[50]

3.3.4 Anwendungsgebiete

Der potenzielle Nutzen von Wikis im Projektmanagement und Software Engineering wurde bereits aufgezeigt. Auch das eben beschriebene weite Einsatzspektrum im 3K-Modell veranschaulicht die allgemeinen Anwen-dungsgebiete sehr gut. Es folgen nun einige konkretere Anwendungsbei-spiele aus der Literatur.

Köberich legte den Nutzen von Wikis im Bereich der Forschung und Lehre dar, indem er im Rahmen seiner Bachelorarbeit ein Wiki an der FH Mün-chen implementierte.[51] Als eines der zentralen Argumente führt auch er Leuf und Cunningham an:

"An area where open collaboration and exchange of ideas is both natural and important is education. Wiki technology is a useful tool in this con-text. "[52]

Eine Fallstudie der Elektrobit Automotive GmbH zeigt als Praxisbeispiel den Einsatz eines Wikis als Wissensmanagement-Tool. Unter anderem wird hier angeführt:

„Der Wissensmanagement-Ansatz (...) bei EB Automotive ist stark perso-nen- und kommunikationsorientiert. (...) Das Wiki dient als zentrale Wis-sensbasis. (...) Ergebnisse und Erkenntnisse der Projekt Retrospektiven wer-den im Wiki dokumentiert." [53]

Aus einer Studie der Goldwyn Partners Group geht das folgende hervor: „Bei der Suche nach sinnvollen Einsatzfeldern für Wikis stößt man gerade in der IT Branche sehr häufig auf Dokumentationen im Rahmen der Soft-wareentwicklung. So setzt der Anbieter von Standardsoftware für Supply Chain Execution, inet logistics, (...) ein Wiki für eben diesen Zweck ein. Die Zufriedenheit der Entwickler ist im Vergleich zu der Zeit davor (...) massiv gestiegen. (...) Der Erfolg überzeugte das Unternehmen und die Wiki-Nutzung wurde auf das Service Management sowie den Bereich Sales und Marketing ausgedehnt. Letzterer nutzt das Wiki als Customer-

---

[50] Gross/Koch 2007, S. 121
[51] Köberich 2006
[52] Leuf/Cunningham 2005, S. 343
[53] Kraus/Dückert 2007

Relationship-Management-System (CRM). Mittlerweile wurde auch das vormals existierende Intranet mit allgemeinen Informationen und Guidelines komplett durch das Wiki abgelöst."[54]

---

[54]   Heidecke/Back 2008, S. 2

4 Methodik

Das nun folgende Kapitel beschreibt die allgemeine Vorgehensweise bei der Erstellung dieser Arbeit. Hierbei wird nicht nach dem bereits beschriebenen Phasenmodell der Softwareentwicklung vorgegangen, sondern lediglich differenziert zwischen der *Analysephase*, der *Implementierungsphase* und der *Testphase*. Die hierauf folgenden Phasen, wie zum Beispiel die Einführungsphase, werden ebenfalls nicht berücksichtigt, da diese, genau wie die mögliche Alternative ein Wiki-System selbst zu entwickeln, über den Rahmen und die allgemeine Zielsetzung dieser Arbeit hinausgehen. Die Ergebnisse der Arbeit werden im darauf folgenden Kapitel erläutert und analysiert.

4.1 Analysephase

In der Analysephase wurden alle notwendigen Informationen zusammengetragen, um die Anforderungen an das System zu definieren und mögliche Einsatzgebiete im Unternehmen zu klären. Ebenfalls sollte die allgemeine „Stimmung" im Unternehmen bezüglich eines Wikis geprüft und Hemmnisse bei den Mitarbeitern abgebaut werden. Hierzu war es notwendig, die Potenziale eines Wikis bei der AC-B GmbH zu identifizieren und zu kommunizieren. Es wurden folgende Tätigkeiten durchgeführt:

1. Themenrecherche

Um alle möglicherweise aufkommenden Fragen der Firmenleitung und der Mitarbeiter beantworten zu können, wurden allgemeine Informationen zu Wikis und dem Web 2.0 zusammengetragen.

2. Gespräche und Meetings

Um das Vorwissen der Mitarbeiter bezüglich Wikis zu klären und deren grobe Vorstellungen über ein solches System herauszufinden, wurden Gespräche mit einzelnen Mitarbeitern geführt. Anschließend wurde ein erstes Meeting mit der Geschäftsleitung und allen Mitarbeitern abgehalten, in dem Fragen beantwortet und die groben Anforderungen sowie die potenziellen Einsatzgebiete eines Wikis besprochen wurden.

3. Analyse der Ist-Situation

Um die in Frage kommenden Einsatzgebiete eines Wikis noch besser identifizieren zu können, wurden die internen Abläufe beim Erstellen und Verwalten von Dokumenten und anderen projektspezifischen Daten analysiert. Die gefundenen Schwachstellen bei der bisherigen Vorgehensweise dienten ebenso als Argumentationsbasis für den Mehrwert eines Wikis den Mitarbeitern gegenüber, um die Einstiegsbarriere in das neue System möglichst gering zu halten und die Mitarbeiter zur Partizipation zu motivieren.

4. Analyse der Infrastruktur

Da bereits vorhandene Dokumente ebenfalls in das Wiki integriert werden sollten, mussten die Formate dieser Daten analysiert werden. Auch wurden die vorhandenen Hardwareressourcen und deren Konfiguration untersucht, um die Umgebung für die spätere Installation des Systems zu identifizieren.

4.2 Implementierungsphase

Ziel der Implementierungsphase ist ein funktionierender Prototyp eines Wikis im Intranet der AC-B GmbH, welcher die in der Analysephase definierten Anforderungen bestmöglich erfüllt. Hierbei wurden folgende Tätigkeiten durchgeführt:

1. Auswahl der Wiki Engine

Die am Markt verfügbaren Wiki-Engines wurden durch Recherchen im Internet auf ihre Deckung mit den in der Analysephase definierten funktionalen und nicht-funktionalen Anforderungen untersucht. Eine selbstentwickelte Lösung kam aus Zeit- und Kostengründen nicht in Betracht.

2. Bereitstellung der Infrastruktur

Die notwendigen Hardwareressourcen wurden entsprechend den Anforderungen der in Frage kommenden Wiki-Engines konfiguriert und gemäß den technischen und organisatorischen Firmenrichtlinien in das Firmennetzwerk integriert.

3. Installation

Mit Unterstützung eines Netzwerkadministrators wurde eine Wiki-Engine auf dem bereitgestellten Server installiert und in Betrieb genommen. Um hierbei mögliche Sicherheitsrisiken auszuschließen, mussten auch bei diesem Schritt die technischen und organisatorischen Richtlinien des Unternehmens eingehalten und der Ablauf der Installation dokumentiert werden.

4. Testlauf

Das installierte Wiki wurde auf die Funktionstüchtigkeit der Basisfunktionalitäten geprüft. Ebenso wurde nach möglichen Störungen innerhalb des Netzwerks gesucht, welche umgehend wieder rückgängig gemacht werden müssten.

5. Basiskonfiguration

Nachdem festgestellt wurde, dass die installierte Wiki-Engine störungs-
frei im Intranet läuft, wurde die Basiskonfiguration des Systems vorgenommen. Dadurch wurde das System auf die folgenden Tests vorbereitet,
in welchen die Erfüllung der Anforderungen geprüft wurde. Unter anderem wurden die vorläufige Rechteverwaltung und die grobe Struktur der
Inhalte auf das geplante Vorgehenskonzept abgestimmt.

4.3 Testphase

Nachdem die Basiskonfiguration des Systems abgeschlossen war, konnte
die Testphase beginnen. Hier wurde anhand von Test Cases geprüft, ob
das System die Anforderungen erfüllt. Abschließend wurde ein Szenario
entwickelt, um die potenziellen Einsatzgebiete des Wikis zu veranschauli-
chen. Es wurden folgende Tätigkeiten durchgeführt:

1. Erstellen der Test Cases

Auf Basis der definierten Anforderungen werden die jeweiligen Test Cases erstellt. Hierbei werden sukzessive alle funktionalen und nicht-
funktionalen Anforderungen an das System einzeln betrachtet und getestet.

2 Durchführung

Die Test Cases werden nacheinander abgearbeitet und die Ergebnisse
dokumentiert. Die Dokumentation der Tests ist wichtig, da der Vorgang
im Fehlerfall reproduzierbar sein muss, um das Problem analysieren und
gegebenenfalls beheben zu können.

3. Szenario

Es wird ein Szenario definiert, mit dem die Wiki-Engine nochmals auf ihre
Praxistauglichkeit untersucht und deren Nutzen demonstriert werden
soll. Um das Szenario erstellen zu können, werden entsprechende Nutzer
mit den zugehörigen Rechten angelegt. Anschließend wird das Szenario
durchgeführt und dessen Verlauf ebenfalls ausgewertet und dokumentiert.

5 Ergebnisse

In diesem Kapitel werden die Ergebnisse der Arbeit vorgestellt. Diese bestehen aus der *Spezifikation der Anforderungen* an das System, dem erarbeiteten *Konzept*, der Beschreibung des *Auswahlprozesses* sowie der letztendlich implementierten *Pilotversion* des Systems und einem konkreten *Szenario*.

5.1 Anforderungen

In diesem Abschnitt werden die Anforderungen an das implementierte Wiki präsentiert. Dabei wird vorerst zwischen den aus der Literatur stammenden Anforderungen und den betrieblichen Anforderungen der AC-B GmbH unterschieden. Zusammen ergeben beide Anforderungslisten einen gesamten Anforderungskatalog für ein Wiki, welches im Projektmanagement der AC-B GmbH eingesetzt werden kann. In Folge dessen wird die Spezifikation der Anforderungen durch deren Priorisierung und Einordnung in funktionale und nicht-funktionale Anforderungen komplettiert und um Abgrenzungskriterien erweitert. Die Spezifikation der Anforderungen entspricht hierbei nicht dem IEEE SRS-Schema[55], sondern wurde stark vereinfacht.

5.1.1 Anforderungen aus der Literatur

Die grundlegenden Anforderungen, welche ein Wiki erfüllen muss, werden von Leuf und Cunningham wie folgt beschrieben:

„From the walk-through, we can interfere that the criteria for a useful wiki, 'the essence of a wiki', can be reformulated in this way.

- *It uses a simple navigational model, with a quick cross-linking method to encourage linking together concepts 'a click away'. (The method also ensures no broken links, at least for the hyperlinks between wiki pages).*

- *Editing page content is 'just a click away' by typing in text from the web browser, using dirt simple 'markup' when needed.*

- *Anyone (...) can change anything (or change it back).*

- *It provides fast retrieval (fast, built-in search); links are page titles.*

This translates into a very pragmatic less-is-more and more-is-less view (...). Some spin-off effects from this navigational model are

---

[55] IEEE 1998

- *Many, mutable entry points, including a history-of-changes list*
- *Flexible restructuring of page cross-links to reflect new relationships*
- *Multithreaded, nonlinear discussions*
- *Ease of writing, ease of collaboration"*[56]

In seinem Fachbeitrag gibt Landwehr jedoch zu bedenken:

„Die Prinzipien ‚Offenheit', ‚gleichberechtigte Mitwirkung', ‚Eigenmotivation' und andere lassen sich nicht beliebig auf (...) gewerbliche Interessenten ü-bertragen."[57]

Der Widerspruch zwischen der Wiki-Philosophie Cunninghams (der je-doch betont, dass bei abweichenden Anforderungen Änderungen durch-aus legitim sind[58]) und dem betrieblichen Einsatz von Wikis wird auch von Ebersbach et al aufgegriffen:

„Mit den Prinzipien des klassischen Projektmanagements und der Wiki-Philosophie treffen zwei gegensätzliche Prinzipien aufeinander. Vorgegebenes Ziel, klare Festlegung der Arbeitsschritte, der Ressourcen und der Beteiligten einerseits; selbstbestimmte Zieldefinition, Eigenverantwortung für Arbeitsweise und Arbeitsschritte und offene Anzahl der Beteiligten andererseits. Doch bei genauerer Betrachtung zeigen sich viele Berührungspunkte. Es lohnt sich, Erfahrungen des klassischen Projektmanagements für Projekte mit Wikis und Wiki-Philosophie nutzbar zu machen."[59]

Landwehr trägt diesen Umständen Rechnung, indem er die Anforderungen an ein Wiki für den Einsatz im Unternehmen um die Möglichkeit der Vergabe von individuellen *Zugriffsrechten* und damit auch einem *Anmelde-System* für registrierte Nutzer erweitert. Zum Schutz der Firmen-IT und zur Beschränkung der Anzahl an berechtigten Usern schlägt er als Alternative ein Wiki im Intranet des Unternehmens vor.[60]

Da es sich bei Wikis um Systeme zum kollaborativen Arbeiten handelt, impliziert dies die Notwendigkeit nach einem Kontrollsystem, welches die Konsistenz der Daten sicherstellt, auch wenn mehrere Nutzer einen Inhalt gleichzeitig bearbeiten. In der Datenbanktechnik wird dies als *Transaktionskontrolle* bezeichnet, hin und wieder ist auch von den Eigenschaften der *Konvergenz* und *Kausalität* die Rede.

---

[56] Leuf/Cunningham 2005, S. 21
[57] Landwehr 2008, S. 1
[58] Vgl. Leuf/Cunningham 2005, S. 143
[59] Ebersbach et al 2008, S. 301
[60] Landwehr 2008, S. 1

Lange erweitert die Liste der Anforderungen um *Versionskontrolle*[61] und einige andere technische Aspekte:

„Eine regelmäßige Sicherung der Daten eines Wikis ist unabdingbar. (...) Je nach Einsatzgebiet und Erfolg des eigenen Wikis sollte man sich auch ein paar Gedanken über die Zukunft und somit auch über der Skalierbarkeit des eingesetzten Systems machen und über Themen wie Lastenverteilung über mehrere Systeme oder Verfügbarkeit durch mehrere Systeme nachdenken."[62]

Die genannten Anforderungen werden nun in einer Liste zusammengefasst, wobei die genaue Ausformulierung erst in der Anforderungsspezifikation erfolgt:

- Einfache Navigation
- Einfaches Verlinken von Inhalten
- Schnelles, ergonomisches Editieren von Inhalten
- Suchfunktion
- Änderungshistorie / Versionierung
- Anpassung der Links bei Umorganisation der Inhalte
- Registrierungsfunktion für Nutzer
- Transaktionskontrolle
- Vergabe von Zugriffsrechten
- Datensicherung
- Skalierbarkeit
- Verfügbarkeit
- Performanz

5.1.2 Betriebliche Anforderungen

Alle der genannten Anforderungen aus der Literatur sind auch in die betrieblichen Anforderungen an das System eingeflossen. Diese werden daher nicht nochmals aufgeführt, sondern allenfalls erweitert. Es wird an dieser Stelle lediglich eine Liste der betrieblichen Anforderungen präsentiert, welche die Anforderungen aus der Literatur komplettiert. Die Ausformulierung der Anforderungen erfolgt auch hier erst in der Anforderungsspezifikation.

---

[61]   Lange 2005, S. 25
[62]   Lange 2005, S. 530 ff

- Ergonomischer, einfach zu bedienender WYSIWYG-Editor (ersetzt den Punkt „Schnelles, ergonomisches Editieren von Inhalten")
- Dateianhänge
- Volltextsuche in Artikeln und Attachments (ersetzt den Punkt „Suchfunktion")
- PDF-Exportfunktion
- Importieren / Konvertieren von Dateien
- Migrationsfähigkeit
- Einfache Wartung und Administration
- Effizientes Backup-Verfahren (ersetzt den Punkt „Datensicherung")
- Statistiken
- E-Mail-Funktionalität
- Lizenz (Open Source)
- Client-Server Architektur im Intranet
- Anpassbares Layout

5.1.3 Priorisierung

Die erarbeiteten Anforderungen werden nun auf ihre Priorität analysiert.[63] In manchen Fällen werden einige der genannten Kriterien durch eine detailliertere Beschreibung zu einer Anforderung zusammengefasst. Beispielsweise gehören „einfache Navigation" und „einfaches Verlinken von Inhalten" zu „Ergonomie". Die Argumentation der Priorisierung fließt in Anforderungsspezifikation mit ein. Es wird unterschieden zwischen:

1. Musskriterien

Diese stellen Anforderungen an das System dar, die zwingend einzuhalten sind, damit das System für den geplanten Einsatzzweck verwendet werden kann.

2. Wunschkriterien

Beschreiben Wünsche an das System, welche nicht zwingend einzuhalten sind, deren Erfüllung jedoch so gut wie möglich angestrebt werden sollte.

3. Abgrenzungskriterien

Diese machen deutlich, welche Ziele mit dem System bewusst *nicht* erreicht werden sollen, um damit die Abgrenzung des Systems erleichtern.

---

[63] Vgl. Balzert 2000, S. 115

Musskriterien

1. **WYSIWYG-Editor:** Ein ergonomischer, leicht zu bedienender WYSIWYG-Editor wurde von der großen Mehrheit der Mitarbeiter ausdrücklich gewünscht.

2. **Zugriffsrechte:** Das individuelle Vergeben von Zugriffsrechten für einzelne Nutzer, sowie deren Zuordnung zu Gruppen mit bestimmten Rechten, ist ein wichtiges Kriterium für den unternehmensinternen Einsatz eines Wikis. Dies impliziert eine Funktionalität für das Registrieren von Benutzern.

3. **Versionierung:** Die Vorgänge im Wiki müssen transparent sein und gegebenenfalls müssen alte Versionen von Inhalten wiederhergestellt werden können. Dies erfordert eine Änderungshistorie bzw. Versionierung.

4. **PDF-Export:** Um fertige Versionen von Inhalten konservieren oder aus dem System exportieren zu können, muss eine PDF-Export Funktion vorhanden sein.

5. **Dateianhänge:** Die exportierten PDF-Dateien, und auch andere Formate, müssen in Form von Dateianhängen in die Inhalte integrierbar sein.

6. **Suchfunktion:** Zur besseren Auffindbarkeit von Daten und Informationen muss eine Volltextsuche integriert sein, welche auch Dateianhänge durchsucht.

7. **Dynamische Links:** Wenn Inhalte im Wiki umorganisiert werden, muss das System, um Nacharbeiten zu vermeiden, die entsprechenden Links automatisch anpassen.

8. **Architektur:** Das System muss als Client-Server Architektur im Intranet der AC-B GmbH implementiert werden und mit einem Browser bedienbar sein.

9. **Transaktionskontrolle:** Zwingend notwendig zur Gewährleistung der Datenkonsistenz, wenn mehrere Personen einen Artikel gleichzeitig editieren.

10. **Einfache Administration:** Die Administration und Wartung des Systems muss möglichst einfach gestaltbar sein, um keinen hohen Zusatzaufwand zu erzeugen.

11. **Ergonomie:** Das allgemeine „Look and Feel" des Systems muss ergonomisch sein, da Nutzerfreundlichkeit eine große Rolle für den Erfolg des Wikis spielt.

Wunschkriterien

1. **Import von Dateien:** Bestehende Word-Dokumente sollten ohne allzu großen Nachbearbeitungsaufwand importiert werden können.

2. **Benachrichtigungen:** Für wichtige Systemmeldungen, Password Recovery etc. sollte das System über eine E-Mail-Funktionalität verfügen.

3. **Statistiken:** Für die Auswertung von Projekten wäre es wünschenswert, wenn das System Statistiken über Benutzeraktivitäten führen würde.

4. **Lizenz:** Aus Kostengründen sollte es sich bei dem implementierten System um eine Open Source Lösung handeln.

5. **Datenhaltung:** Die Datenhaltung des Systems sollte in Form einer SQL-Datenbank implementiert sein, um das Backup-Verfahren zu vereinfachen.

6. **Skalierbarkeit:** Um zukünftige Bedürfnisse an das System abzudecken, sollte dieses, beispielsweise durch Plug-Ins, erweiterbar sein.

7. **Migrationsfähigkeit:** Die im System gehaltenen Daten sollten in ein anderes System übertragen werden können, falls der Anbieter den Support einstellt.

8. **Verfügbarkeit:** Das System sollte stabil laufen, eventuelle Ausfälle müssen in angemessener Zeit behoben werden können.

9. **Performanz:** Die Antwortzeiten beim Laden der Inhalte, Aufrufen des Editors etc. dürfen nicht unangemessen hoch sein.

10. **Layout:** Es wäre wünschenswert das Layout des Systems an das Corporate Design des Unternehmens anpassen zu können.

Abgrenzungskriterien

1. **Kommunikation:** Der Austausch von Nachrichten soll weiterhin per E-Mail erfolgen. Eine Benutzung als Forum ist ebenfalls nicht vorgesehen.

2. **Terminverwaltung:** Auch soll das System nicht zur Verwaltung von Terminen genutzt werden. Eine entsprechende Lösung ist in der Firma vorhanden.

3. **Anbindung:** Eine Anbindung an das System, welches zur Zeit für die o.g. Punkte verantwortlich ist, ist ebenfalls nicht vorgesehen.

4. **Sicherheitsmechanismen:** Funktionen wie beispielsweise Anti-Spam werden nicht berücksichtigt, da das System nur im Intranet zum Einsatz kommen wird.

5.1.4 Anforderungsspezifikation

Die erarbeiteten Anforderungen werden nun detailliert beschrieben und in *funktionale* sowie *nicht-funktionale Anforderungen* kategorisiert. Die funktionalen Anforderungen beschreiben hierbei die genauen Leistungsmerkmale des Systems. Die nicht funktionalen Anforderungen hingegen beschreiben alle Merkmale, welche sich nicht direkt auf die Funktionalität oder Leistung des Systems beziehen, wie beispielsweise Ergonomie.[64]

Die Einordnung der Anforderungen in Muss- und Wunschkriterien, welche während der Priorisierung erarbeitet wurde, bleibt hierbei bestehen.

Musskriterien

a) Funktionale Anforderungen

1. **WYSIWYG-Editor:** Das zu implementierende System muss über einen ergonomischen, einfach zu bedienenden WYSIWYG-Editor verfügen, welcher die grundlegenden Funktionen eines Textverarbeitungsprogramms unterstützt. Dies wurde von dem Großteil der Mitarbeiter deutlich gefordert und ist damit ein wichtiges Kriterium für die Nutzerakzeptanz.

2. **Zugriffsrechte:** Es müssen jedem Nutzer individuelle Lese- und Schreibrechte zugeteilt werden können. Ebenso muss die Möglichkeit gegeben sein, die Nutzer bestimmten Nutzergruppen mit ebenfalls spezifischen Rechten zuzuordnen. Die Vergabe von Zugriffsrechten darf sich nicht nur auf Personen beschränken, sondern muss auch für Inhalte in System individuell gestaltbar sein. Diese Anforderungen implizieren das Vorhandensein einer Anmelde- und Registrierungsfunktion für die Nutzer.

3. **Versionierung:** Das System muss über eine Funktion zur Versionierung und eine Änderungshistorie verfügen, um alle Vorgänge transparent und reversibel zu halten. Jede Nutzeraktivität wie Editieren von Inhalten, Kommentare, Löschen oder Hochladen von Dateien etc. muss dokumentiert werden. Desweiteren muss eine

---

[64] Vgl. Balzert 2000, S. 113 ff

Revision zum Vergleich von verschiedenen Versionen eines Dokuments möglich sein. Das Wiederherstellen einer älteren Version darf hierbei keinen großen Aufwand verursachen.

4. **PDF-Export:** Es muss die Möglichkeit gegeben sein, Inhalte aus dem System in eine PDF-Datei zu konvertieren. Dies dient zur Übernahme von Dokumenten in das Konfigurationsmanagement. Das Layout, wie beispielsweise die Schriftart und Seitenränder der PDF-Datei, sollte hierbei anpassbar sein.

5. **Dateianhänge:** Die vom System generierten PDF-Dateien, und auch andere Dateien wie beispielsweise Teile der Firmendokumentation, müssen in Form von Attachements in die Inhalte integriert werden können. Dabei sind alle gängigen Dateiformate für Texte, Tabellen, Bilder etc. zu unterstützen.

6. **Suchfunktion:** Es muss eine Volltextsuche vorhanden sein, welche nicht nur Inhalte der einzelnen Artikel, sondern auch angehängte Textdateien durchsucht und anschließend die Suchergebnisse auflistet. Ebenso wäre eine Tagging-Funktion zur besseren Auffindbarkeit von Informationen wünschenswert.

7. **Dynamische Links:** Wenn Inhalte im System umorganisiert werden, dann müssen entsprechende Links automatisch und ohne Nacharbeiten an die neue Struktur angepasst werden.

8. **Architektur:** Bei dem implementierten System muss es sich um eine Client-Server Architektur handeln, welche im Intranet des Unternehmens zum Einsatz kommt. Dabei muss das System allein mit einem Browser bedienbar sein und somit auch die gängigsten Browser unterstützen.

9. **Transaktionskontrolle:** Um die Konsistenz der Daten beim Editieren zu gewährleisten, muss das System über eine Transaktionskontrolle verfügen. Wenn mehrere Personen gleichzeitig den selben Artikel editieren, dürfen hierbei keine Daten verloren gehen.

b) *Nicht-funktionale Anforderungen*

1. **Einfache Administration:** Die Administration und Wartung des Systems muss einfach zu gestalten sein. Updates und Patches müssen hierbei problemlos installiert werden können. Die benötigte Infrastruktur für das System darf nicht zu komplex sein. Für die Administration wird ein im System integriertes Admin-Panel oder ähnliches gefordert.

2. **Ergonomie:** Das gesamte System muss einfach und ergonomisch gestaltet sein. Hierzu gehören unter anderem eine intuitive Menüführung, einfaches Verlinken von Inhalten, eine übersichtliche Anordnung der Funktionalitäten im GUI und auch der bereits genannte WYSIWYG-Editor.

Wunschkriterien

a) Funktionale Anforderungen

1. **Import von Dateien:** Das Importieren bzw. Konvertieren von Textdateien, ins-besondere Word-Dateien, sollte ohne unangemessen großen Nachbearbeitungsaufwand möglich sein. Die Formatierungen des Originaldokuments sind hierbei so gut wie möglich beizubehalten.

2. **Benachrichtigungen:** Für wichtige Systemmeldungen, Password Recovery-Funktionen, Benachrichtigungen über Bearbeitungen bestimmter Inhalte etc. sollte das System über E-Mail-Funktionalität verfügen.

3. **Statistiken:** Statistiken über sämtliche Benutzeraktivitäten und Inhalte des Systems etc. wären, vor allem nach abgeschlossenen Projekten oder auch für eine Erfolgsmessung des Wikis selbst, vorteilhaft.

4. **Datenhaltung:** Um das Backup-Verfahren möglichst einfach zu gestalten, sollte das System seine Daten in Form einer SQL-Datenbank halten. Dies ermöglicht ein einfaches Backup durch einen SQL-Dump.

5. **Layout:** Das Layout des Systems sollte zumindest in seinen Grundzügen gestaltbar sein, um es an das Corporate Design des Unternehmens anpassen zu können. Dies erhöht ebenfalls die Attraktivität des Systems für die Nutzer.

b) Nicht-funktionale Anforderungen

1. **Lizenz:** Aus Kostengründen sollte es sich möglichst um eine Open Source Anwendung handeln. Dies würde es gegebenenfalls erlauben das System auch im Nachhinein anzupassen.

2. **Skalierbarkeit:** Derzeit sind keine speziellen Erweiterungen für das System geplant. Um die Einsatztauglichkeit jedoch auch für die Zukunft gewährleisten zu können, wäre die Erweiterbarkeit durch Plug-Ins o. ä. wünschenswert.

3. **Migrationsfähigkeit:** Falls der Support für das System eingestellt werden sollte oder andere Fälle eintreten, in denen auf ein anderes System gewechselt werden müsste, sollten die Daten mit angemessenem Aufwand in ein alternatives System migriert werden können. Dies dient zur Prävention eines „Data Lock-In".

4. **Verfügbarkeit:** Sollte das System ausfallen, so muss dies ohne großen Aufwand und in geringer Zeit wieder behoben werden können. Da ein Systemausfall jedoch nicht den kompletten Unternehmensbetrieb gefährdet, wird auf eine prozentuale Angabe zur Verfügbarkeit verzichtet.

5. **Performanz:** Die Antwortzeiten beim Laden von Inhalten oder der Editors, beim Navigieren im System, bei der Suchfunktion etc. sollten möglichst schnell sein und sich in einem angemessenen Rahmen für angenehmes Arbeiten mit dem System befinden. Auf eine Angabe in Millisekunden wird hier verzichtet.

Abgrenzungskriterien

1. **Kommunikation:** Das System soll nicht zur direkten Kommunikation zwischen einzelnen Mitarbeitern oder als Forum benutzt werden. Hierfür kommt weiterhin MS Outlook in Verbindung mit einem Exchange Server zum Einsatz.

2. **Terminverwaltung:** Gleiches gilt für die gemeinsame Verwaltung von Terminen, auch wenn dies mit dem System durchaus möglich wäre. Hier sind ebenfalls weiterhin die o.g. Anwendungen zu verwenden.

3. **Anbindung:** Eine Anbindung an die o.g. Anwendungen ist nicht vorgesehen.

4. **Sicherheitsmechanismen:** Da das System ausschließlich im Intranet des Unternehmens und nur durch wenige, eindeutig identifizierbare Nutzer zum Einsatz kommen wird, ist eine Berücksichtigung von Sicherheitsmechanismen wie Anti-Spam o.ä. nicht vorgesehen. Das System ist durch die Sicherheitsmechanismen des Unternehmens ausreichend geschützt. Des Weiteren gelten die technischen und organisatorischen Sicherheitsrichtlinien der AC-B GmbH.

5.2 Konzept

In diesem Abschnitt wird dargelegt, *wie* und *wofür* das Wiki letztendlich eingesetzt werden soll. Anfangs wird hierbei kurz auf einige Erfolgsfaktoren bei der Einführung eines Wikis im Unternehmen eingegangen. Die Beschreibung der geplanten Einsatzgebiete des Wikis wird hierbei in drei aufeinander aufbauende Phasen gegliedert, welche nacheinander dargelegt werden. Diese sind 1. *Wiki für das Wissensmanagement*, 2. *Wiki für das Dokumentenmanagement* und 3. *Wiki für das Projektmanagement*.

5.2.1 Erfolgsfaktoren

Heidecke und Back nennen in ihrer Studie folgende kritische Erfolgsfaktoren bei der Einführung eines Wikis in einem Unternehmen:[65]

- Aktives Change Management
- Ein Mitarbeiter sollte als Verantwortlicher für das Wiki ernannt werden
- WYSIWYG-Editor ist, aus Gründen der Einfachheit, entscheidend
- Skalierbarkeit
- Das Wiki sollte schon vor dem offiziellen Start mit Inhalten gefüllt werden
- Keine Schulungen, die User sollen selbst „ausprobieren"

Wie sich erkennen lässt, decken sich diese Faktoren teilweise mit einigen Punkten der Anforderungsspezifikation. Den hier genannten Punkten wurde Rechnung getragen und das Wiki wurde schon sehr früh mit diversen Inhalten gefüllt. Den Verantwortlichen für das Wiki stellt in diesem Fall meine Person dar. Auch wurden die Mitarbeiter dazu angehalten, das System eigenverantwortlich zu testen.

Am schwierigsten gestaltet sich das Change Management. Die Wiki-Philosophie des kollaborativen Arbeitens ist nicht über Nacht in die Köpfe der Mitarbeiter zu bekommen und muss letztendlich auch zur Firmenphilosophie passen. Dies ist ein langsamer Prozess, der dadurch unterstützt werden muss, dass die Vorteile einer solchen Arbeitsweise kommuniziert und demonstriert werden. Auch *Leuf* und *Cunningham* gehen auf den *Faktor Mensch* ein, indem sie auf die Relevanz der Bereitschaft zum Teilen

---

[65] Heidecke/Back 2008, S. 3

von Wissen hinweisen, sowohl von Individuen wie auch zwischen Abteilungen.[66]

5.2.2 Wiki für das Wissensmanagement

In der ersten Phase soll das Wiki als Wissensmanagement-Tool eingesetzt werden. Wir erinnern uns an die in Kapitel 2 geschilderten Umstände, dass die Mitarbeiter ihr persönliches Wissen bisher in privaten Dateien, Haftnotizen oder ähnlichem festhalten. Dieses Wissen könnte jedoch unter Umständen auch für andere Mitarbeiter von Interesse sein. Das persönliche Wissen der Mitarbeiter soll nun im Wiki dokumentiert und damit frei zugänglich gemacht werden. Hierzu zählen die persönlich erstellten Dateien auf den PCs und dem Server, diverse Notizen oder auch „in den Köpfen" der Mitarbeiter vorhandenes Wissen, welches bislang in keiner Form dokumentiert wurde. Diese bereits vorhandenen Daten sollen nun in das Wiki integriert und ebenso durch neues Wissen ergänzt werden. Durch diese Vorgehensweise wird nach und nach ein gemeinsamer unternehmensinterner Wissenspool geschaffen.

5.2.3 Wiki für das Dokumentenmanagement

Im zweiten Schritt soll das Wiki als Dokumentenmanagement-Tool fungieren. Auch hier rufen wir uns die in Kapitel 2 genannten Umstände nochmals ins Gedächtnis. Die Mitarbeiter verbringen viel Zeit mit der Suche nach Dokumenten und die Ordnerstruktur auf dem Server wird immer unübersichtlicher. Ebenso werden Daten teilweise redundant gehalten oder unnötigerweise neu erstellt, da den Mitarbeitern nicht bekannt ist, dass entsprechende Dokumente bereits existieren. So wird nicht nur die Auffindbarkeit von Informationen erschwert und unnötig Speicherplatz auf den Servern verbraucht, sondern auch die Konsistenz der Daten gefährdet.

Diese Probleme sollen nun mit dem Wiki gelöst werden. Dokumente wie Checklisten, welche nicht allzu umfangreich sind, werden direkt in Form von Artikeln in das Wiki integriert. Andere Dokumente können als Attachments hinzugefügt oder auch durch Links in entsprechenden Artikeln auffindbar gemacht werden. Die Suche wird hierbei durch die integrierte Suchfunktion des Wikis sowie die Funktionalität des Taggings, bei dem Inhalten des Wikis bestimmte Schlagworte zugeordnet werden können, stark erleichtert. Durch die gemeinsame Arbeit im Wiki soll eine einheitliche und redundanzfreie Daten- und Informationsstruktur entstehen, in

---

[66] Vgl. Leuf/Cunningham 2005, S. 391

der sich die Mitarbeiter besser zurechtfinden. Durch die Arbeit an einer gemeinsamen Datenbasis wird die Konsistenz der Daten gewährleistet.

5.2.4 Wiki für das Projektmanagement

Im letzten Schritt soll das Wiki als Projektmanagement-Tool eingesetzt werden. Zwar wird das Projektmanagement auch schon durch die bisher genannten Aspekte unterstützt, dies geschieht jedoch eher indirekt. Hier sei ebenfalls auf Kapitel 2 verwiesen, wo der Umstand angebracht wird, dass der Workflow beim gemeinsamen Erstellen von Dokumenten und deren Übernahme in das Konfigurationsmanagement ineffizient sind.

Durch den Einsatz eines Wikis kann diese Situation verbessert werden, da genau hier die größten Stärken dieses Systems liegen. Soll beispielsweise ein Pflichtenheft für ein Projekt erstellt werden, so kann dieses von einer bestimmten Nutzergruppe, welche gegebenenfalls mit den entsprechenden Rechten versehen wurde, gemeinsam im Wiki editiert werden. Die Übernahme in das Konfigurationsmanagement erfolgt hierbei durch den Export eines festgelegten Standes des Dokuments als PDF-Datei. Darüber hinaus bieten sich noch weitere Möglichkeiten wie z.B. das kooperative Sammeln von Ideen, Koordination von Gruppen und Arbeitspaketen oder Auswertungen mit Hilfe der Statistik-Funktionen des Wikis. Das projektinterne Wissens- und Dokumentenmanagement wird hierbei durch die bereits genannten Faktoren unterstützt. So können durch den Einsatz eines Wikis die Projektmanagement-Aktivitäten effizienter gestaltet werden.

Die Protokollierung und Dokumentation der gewonnenen Erkenntnisse eines Projekts können ebenfalls im Wiki geschehen. Dies steigert nachweislich die Wiederverwendbarkeit von in Projekten gesammelten Erfahrungen und trägt somit zum Erfolg zukünftiger Projekte bei.[67]

Als potenzielles Einsatzgebiet für die Zukunft sei an dieser Stelle, auch wenn dies noch nicht geplant ist, die Einbindung der Stakeholder ins das Anforderungsmanagement erwähnt, welches wie aufgezeigt wurde einen sehr wichtigen Faktor in Projekten darstellt. Durch das Implementieren des Wikis in einem *Extranet*, welches Nutzern von Außerhalb Zugriff auf das Wiki gewährt, könnte das Anforderungsmanagement in einem kollaborativen Prozess zusammen mit den Stakeholdern gehandhabt werden.[68, 69] In diesem Fall müsste jedoch dringend berücksichtigt werden,

---

[67] Vgl. Rech et al 2007
[68] Vgl. Landwehr 2008, S. 1
[69] Vgl. Decker et al 2007

dass sich die Anforderungen an das System durch die Einbindung von Stakeholdern ändern können.

5.3 Auswahlprozess

Als Informationsquelle für den Auswahlprozess dienten größtenteils Recherchen im Internet und der Literatur. Auf der Internetseite *Wikimatrix*[70] ist die Möglichkeit gegeben, die meisten gängigen Wikis sehr ausführlich miteinander zu vergleichen und deren Funktionalitäten zu ermitteln. Nach einer näheren Betrachtung kristallisierten sich relativ schnell zwei mögliche Alternativen heraus. *Deki Wiki*[71], welches letztendlich implementiert wurde, und *TWiki*[72]. Laut deren Websites werden beide Wiki-Systeme bereits erfolgreich von einer Vielzahl an Unternehmen eingesetzt. TWiki gilt allgemein als das „Flaggschiff" unter den Wiki-Engines, was die Funktionalitäten betrifft. Doch auch von dem relativ neuen Deki Wiki ist immer mehr zu lesen, was den Einsatz in der Praxis angeht. Beide schienen die meisten der in der Anforderungsspezifikation genannten Kriterien zu erfüllen, weshalb ein näherer Vergleich zwischen den Systemen notwendig war, um eine Entscheidung zu treffen. Ebenfalls für den Vergleich herangezogen wird, schon allein wegen seiner Bekanntheit, die Wiki-Engine *MediaWiki*[73]. Diese wurde speziell für das Wikipedia-Projekt entwickelt und verdankt diesem seine Bekanntheit.

Der glückliche Umstand, dass für einen Vergleich von allen dieser drei Alternativen kostenlose *virtuelle Maschinen* verfügbar sind, erlaubte es, alle drei Systeme für einen ersten Eindruck in Betrieb zu nehmen. Bei virtuellen Maschinen handelt es sich um virtualisierte Rechner, welche zwar als Software auf einem physischen Host integriert sind, sich jedoch genauso verhalten wie ein „normaler" Rechner. Die benötigte Software zum Betrieb dieser virtuellen Maschinen befindet sich bereits im Unternehmen, da hier schon sehr lang mit diesen gearbeitet wird. Nach dem Herunterladen wurden die virtuellen Maschinen auf einen Ordner im Netzwerk gestellt, von einem Arbeitsplatz-PC aus gestartet und nach einer kurzen Basiskonfiguration sofort im Netzwerk erkannt, da die notwendigen Einstellungen bereits vorkonfiguriert waren.

Die weiteren Vorteile, die der Einsatz des Systems in Form einer virtuellen Maschine mit sich bringt, werden im Abschnitt *5.4 Pilotversion* erläutert. Vorerst erfolgt ein Vergleich der genannten Alternativen sowie die Argu-

---

[70] http://www.wikimatrix.org
[71] http://wiki.mindtouch.com/Deki_Wiki
[72] http://twiki.org/
[73] http://www.mediawiki.org

mentation der letztendlichen Auswahl, welche wie schon gesagt auf die Wiki-Engine Deki Wiki fiel.

5.3.1 Beschreibung der Alternativen

MediaWiki

MediaWiki deckt wie schon gesagt die in den Anforderungsspezifikation genannten Anforderungen weitestgehend ab, bis auf eine Ausnahme, welche zum KO-Kriterium wurde: Der fehlende WYSIWYG-Editor. Alle drei Wikis wurden den Mitarbeitern in einem Meeting vorgestellt. Positiv waren bei MediaWiki das vertraute Layout und die Handhabung, wie man es von Wikipedia gewohnt ist. Ebenso werden die meisten Anforderungen an das System erfüllt. Als jedoch der Umstand des fehlenden WYSIWYG-Editors zur Sprache kam, welcher auch nicht nachträglich in Form eines Plug-Ins implementiert werden kann, wurde MediaWiki sehr schnell abgelehnt. Dieser Umstand macht nochmals ganz klar deutlich, warum ein WYSIWYG-Editor in der Anforderungsspezifikation zum Musskriterium bestimmt wurde. Es sei an dieser Stelle angemerkt, dass der allgemeine Wunsch nach einem solchen Editor bei den Entwicklern nicht unbekannt ist und, laut diesen, an einer entsprechenden Lösung gearbeitet wird.

Twiki

TWiki erfüllt, bis auf eine Ausnahme, alle der geforderten Anforderungen. Das Wunschkriterium, dass die Datenhaltung in Form einer SQL-Datenbank erfolgen soll, ist hier leider nicht gegeben, da TWiki seine Daten in Form von Textdateien speichert. Die Funktionalitäten von TWiki sind sehr umfangreich, nicht umsonst wird es in der Literatur oft als Lösung vorgeschlagen und auch von vielen Unternehmen verwendet. Bei der Präsentation der in Frage kommenden Systeme wurde jedoch Deki Wiki trotzdem der Vorzug gegeben. Es verfügen zwar beide über den geforderten WYSIWYG-Editor, jedoch ist dieser bei Deki Wiki deutlich ergonomischer und funktionsreicher. Auch die allgemeine Handhabung des Systems gestaltet sich nach den Eindrücken der Mitarbeiter bei Deki Wiki intuitiver und nutzerfreundlicher. Daher fiel die Wahl letzt-endlich einstimmig auf Deki Wiki.

Deki Wiki

Deki Wiki erfüllt alle Muss- und Wunschkriterien aus der Anforderungsspezifikation. Betrachtet man allein diesen Faktor, so würde die Wahl zwischen Deki Wiki und TWiki bei der AC-B GmbH jedoch nur sehr knapp zugunsten von Deki Wiki ausfallen. Entscheidend waren letztlich die sehr positiven Eindrücke bei der Ergonomie des Systems und der umfangreiche WYSIWYG-Editor. Da die Nutzerakzeptanz eine entscheidende Rolle für den Erfolg eines Wikis darstellt und die Mitarbeiter Deki Wiki klar den Vorzug gaben, wurde dies letztendlich implementiert. So konnten einige der von Heidecke und Back genannten kritischen Erfolgsfaktoren bei der Einführung eines Wikis bestätigt werden. Auch sie weisen in ihrem Fachartikel auf die Eignung von Deki Wiki als unternehmensinternes Wiki hin.[74] Es sei an dieser Stelle nicht verschwiegen, dass hier auch TWiki und MediaWiki als Möglichkeiten benannt werden. Das Hauptargument für Deki Wiki bleibt nach wie vor, neben der Erfüllung aller Anforderungen, die höhere Akzeptanz der Nutzer im Unternehmen. Die Anwenderfreundlichkeit als entscheidender Faktor für den Erfolg eines Wikis wird ebenfalls bestätigt von Landwehr, der schreibt:

„Wenngleich das erste Wiki bereits 1995 entstand, ist die anwenderfreundliche Erstellung oder Änderung von Inhalten nach wie vor ein Thema."[75]

5.3.2 Nutzwertanalyse

Zur Unterstützung der Entscheidungsfindung wird nun das Verfahren der Nutzwertanalyse angewandt. Hierbei werden die jeweiligen Alternativen tabellarisch auf die Erfüllung der Anforderungen überprüft, wobei jede Anforderung mit einer Gewichtung versehen wird. Die Anzahl der Punkte der jeweiligen Alternativen zeigt anschließend, welches System die Anforderungen am besten erfüllt.

Die Bewertung der Kriterien erfolgt hierbei jedoch *nicht qualitativ*, da dies bereits im Vorfeld intensive Tests für alle Alternativen erfordert hätte. Die Test Cases werden jedoch aus Zeitgründen nur für das ausgewählte System durchlaufen. Es wird also lediglich geprüft, ob die jeweilige Anforderung grundsätzlich von den Systemen erfüllt wird.

Die Musskriterien werden hierbei höher gewichtet als die Wunschkriterien. Jedoch wird auch jede einzelne Anforderung für sich betrachtet und eine entsprechende Gewichtung im Bereich von 1,0 bis 2,0 vergeben (1,0 - 1,5 für Wunsch-, 1,6 - 2.0 für Musskriterien).

---

[74] Vgl. Heidecke/Back 2008, S. 3 f
[75] Landwehr 2008, S. 3

Auf die tabellarische Nutzwertanalyse folgt eine kurze Auswertung der gewonnenen Ergebnisse. Die Vergabe der Punkte entspricht dem folgenden Schema:

- 0 Punkte = Anforderung nicht erfüllt
- 1 Punkt = Anforderung teilweise erfüllt
- 2 Punkte = Anforderung erfüllt.

Anforderung	Gewichtung	MediaWiki	TWiki	Deki Wiki
WYSIWYG-Editor	2,0	0	2	2
Zugriffsrechte	1,8	2	2	2
Versionierung	1,9	2	2	2
PDF-Export	1,8	2	2	2
Dateianhänge	1,6	2	2	2
Suchfunktion	1,7	2	2	2
Dynamische Links	1,7	2	2	2
Architektur	2,0	2	2	2
Transaktionskontrolle	1,9	2	2	2
Einfache Administration	-	-	-	-
Ergonomie	1,9	1	1	2
Import von Dateien	1,5	1	2	2
Benachrichtigungen	1,3	2	2	2
Statistiken	1,4	2	2	2
Datenhaltung	1,5	2	0	2
Layout	1,2	2	2	2
Lizenz	1,5	2	2	2
Skalierbarkeit	1,4	2	2	2
Migrationsfähigkeit	1,5	2	2	2
Verfügbarkeit	-	-	-	-
Performanz	-	-	-	-
Gesamt	-	51,8	54,3	**59,2**

Auch die Nutzwertanalyse hat ergeben, dass die Wiki-Engine Deki Wiki für die AC-B GmbH die richtige Wahl darstellt. Wie schon gesagt ist es nicht verwunderlich, dass das Ergebnis relativ knapp ausfällt, da jede Alternative die Anforderungen gut abdeckt. Die Anforderungen Performanz, Verfügbarkeit und einfache Administration konnten nicht berücksichtigt werden, da diese erst durch intensivere Tests ermittelt werden könnten. Dies ist jedoch in der Phase des Auswahlprozesses aus Zeitgründen nicht vorgesehen.

5.4 Pilotversion

An dieser Stelle wird die letztendlich implementierte Pilotversion des Wikis beschrieben. Hierbei wird der Implementierungsprozess näher betrachtet und anschließend die Durchführung der einzelnen Test Cases dargestellt, um die Erfüllung der Anforderungen an das System nachzuweisen. Die Test Cases wurden wie schon erwähnt aus der Anforderungsspezifikation abgeleitet.

5.4.1 Implementierung

Nachdem der Auswahlprozess abgeschlossen und die Wahl auf Deki Wiki gefallen war, sollte die virtuelle Maschine, welche bisher nur für Tests und Präsentationen von einem Arbeitsplatz-PC aus gestartet wurde, auf einem Server im Intranet der AC-B GmbH dauerhaft in Betrieb genommen werden. Ein Server mit der entsprechenden Virtualisierungssoftware, welcher als Host dienen sollte, stand bereits zur Verfügung und musste nur noch an das Intranet angeschlossen werden. Die Implementierung in Form einer virtuellen Maschine bringt eine Reihe von Vorteilen mit sich:

- Der Server für das Wiki war bereits mit allen nötigen Komponenten vorkonfiguriert, was viel Zeit bei der Implementierung einsparte.

- Es sind keine zusätzlichen Hardwareressourcen für das Wiki notwendig.

- Virtuelle Maschinen sind sehr stabil und, falls diese doch einmal ausfallen sollten, leicht wieder in Betrieb zu nehmen.

- Ebenso sind diese plattformunabhängig und können auf jedem Host, welcher mit der Virtualisierungssoftware kompatibel ist, in Betrieb genommen werden.

- Um eine virtuelle Maschine zu konservieren, kann diese einfach auf einer DVD o.ä. gesichert werden.

- Durch den Einsatz virtueller Maschinen kann daher der allgemeine Administrationsaufwand stark verringert werden.

Diese Umstände unterstützen zusätzlich die Anforderungen der Verfügbarkeit, des geringen Administrationsaufwands und des effizienten Back-
up-Konzepts. Ebenso war es von Vorteil, dass die benötigte Virtualisierungssoftware und das entsprechende Know-How im Unternehmen bereits vorhanden waren. Somit gestaltete sich der Implementierungsprozess relativ einfach. Nachdem die virtuelle Maschine gestartet wurde, war
diese sofort im Intranet verfügbar. Die Basiskonfiguration und geringfü-
gige Anpassungen am Layout wurden teilweise bereits während des Auswahlprozesses durchgeführt. Die Fortsetzung bestand u.a. aus der Erstellung einer groben Ordnerstruktur und von Benutzer-Accounts für alle
Mitarbeiter. Ebenso wurden diverse Änderungen an den Zugriffsrechten
vorgenommen und die E-Mail-Funktionalität konfiguriert.

Da von einer „Ordnerstruktur" die Rede war, muss auf diese für Wikis eher
ungewöhnliche Eigenschaft eingegangen werden. Die ursprüngliche Vorgehensweise, wie Inhalte in einem Wiki organisiert sind, entspricht einem
Hypertext. Dies bedeutet, dass keine einheitliche Struktur vorhanden ist
und sich durch die Verlinkung von Artikeln eine Art Netz ergibt. Dies ist
nicht bei allen Wikis der Fall. So verwendet auch TWiki eine hierarchische
Struktur, in der Inhalte jedoch wiederum untereinander verlinkt sind. Man
könnte dies als Mischform zwischen hierarchischer Struktur und Hypertext ansehen.

Ähnlich ist dies bei Deki Wiki, in dem die Inhalte ebenfalls hierarchisch
angeordnet und untereinander verlinkt werden. Es gibt jedoch zusätzlich
eine Navigationsleiste, durch die das System stark an eine Desktop-
Anwendung erinnert. Dies wurde von den Mitarbeitern positiv aufgenommen, bringt jedoch auch die Notwendigkeit mit sich, eine einheitliche
Struktur für das Wiki zu definieren. Hier zur Veranschaulichung ein
Screenshot, auf dem die Navigationsleiste am linken Bildschirmrand zu
erkennen ist.

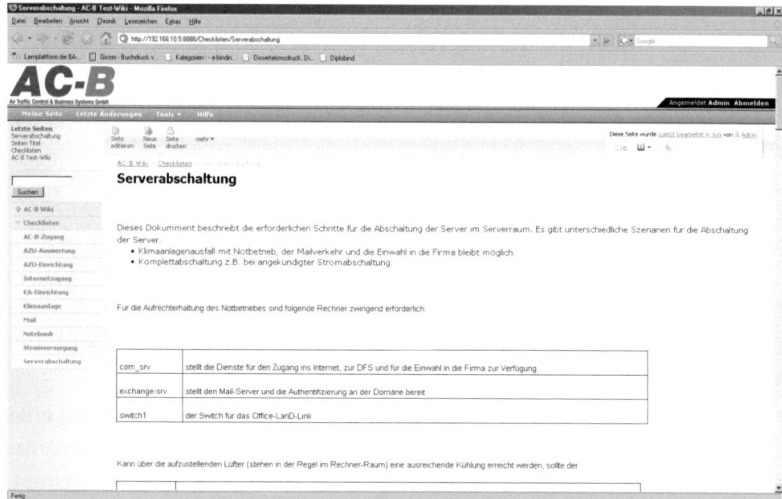

Abbildung 5: Deki Wiki Screenshot

5.4.2 Test Cases

Um nachzuweisen, dass die vom Hersteller des Systems angegebenen Features korrekt funktionieren und die Anforderungen tatsächlich erfüllt sind, wurde die Erfüllung der Anforderungen sukzessive getestet. Die Ergebnisse lauteten dabei wie folgt:

1. **WYSIWYG-Editor:** Das Laden des Editors und Editieren von Seiteninhalten verlief während der Tests problemlos. Der Editor unterstützt alle nötigen Funktionen zum Formatieren von Seiteninhalten und das System übernimmt die Seiten korrekt, so wie diese im Editor dargestellt waren.

2. **Zugriffsrechte:** Es wurden verschiedene Nutzer und Nutzergruppen mit diversen Rechten erstellt. Auch wurden einzelne Seiten mit Rechten für spezifische Nutzer oder Nutzergruppen versehen. Die Einstellungen wurden vom System korrekt übernommen und die jeweiligen Rechte berücksichtigt. Diesem Schritt sind das Anlegen von Benutzer-Accounts und Anmeldevorgänge vorausgegangen, wobei keine Fehler festzustellen waren.

3. **Versionierung:** Die Historie übernimmt alle Änderungen an Inhalten und Dateien korrekt. Gelöschte Dateien können wiederhergestellt und verschiedene Versionen von Inhalten miteinander verglichen werden. Das Wiederherstellen alter Versionen verlief ohne Probleme.

4. **PDF-Export:** Mit einem Zwischenschritt über die Druckansicht können Inhalte als PDF-Datei exportiert werden. Das Layout der PDF-Dateien ist über entsprechende Stylesheets anpassbar.

5. **Dateianhänge:** Das Hinzufügen von Dateianhängen aller gewünschten Formate verlief ohne Probleme. Die hierzu erlaubten Formate können über die Konfiguration des Systems definiert werden.

6. **Suchfunktion:** Die Suchfunktion durchsucht sowohl Seiteninhalte als auch Inhalte von Dateianhängen korrekt. Die Darstellung der Suchergebnisse ist jedoch, je nach Formatierung der Dateianhänge, leider manchmal etwas unübersichtlich.

7. **Dynamische Links:** Wird eine Seite im System an eine andere Position in der Navigation verschoben, so bleiben die Links zu dieser Seite trotzdem korrekt.

8. **Architektur:** Das System ist wie gefordert als Client-Server Architektur im Intranet der AC-B GmbH implementiert. Es ist von jedem PC, welcher an das Netzwerk angeschlossen ist, erreichbar und allein mit einem Browser bedienbar.

9. **Transaktionskontrolle:** Der selbe Artikel wurde gleichzeitig von mehreren Benutzern mit unterschiedlichen Accounts geöffnet, an verschiedenen Stellen editiert und danach abgespeichert. Das Resultat war, dass die Änderungen desjenigen Nutzers, der zuerst sicherte, verloren gingen. Dieser Umstand war nicht nur verwunderlich, sondern für ein Wiki-System auch unhaltbar. Nach Gesprächen mit dem Support und Recherchen im Internet hat sich ergeben, dass dieser Fehler bekannt war und kürzlich durch ein Update behoben wurde. Nach Aufspielen des Updates wurde der Test erneut durchgeführt und das System gab eine entsprechende Warnmeldung aus. Die verschiedenen Versionen konnten nun verglichen und alle Änderungen der Nutzer gesichert werden.

10. **Einfache Administration:** Die Umsetzung in Form einer virtuellen Maschine vereinfacht die Administration des Systems. Die Konfiguration über ein entsprechendes Admin-Panel ist in der Handhabung nutzerfreundlich. Änderungen am Layout, z.B. bei dem bereits erwähnten PDF-Export, müssen jedoch manuell an den entsprechenden CSS-Dateien erfolgen. Aufgrund von mangelnder Dokumentation waren diese schwer auffindbar und die Identifikation der notwendigen Klassen und Dateien hat einige Zeit in Anspruch genommen.

11. **Ergonomie:** Das System ist sehr ergonomisch und lässt sich intuitiv bedienen. Dies ergab sich aus einer Befragung von Mitarbeitern, welche zum ersten Mal mit dem System arbeiteten.

12. **Import von Dateien:** Die vorhandenen Word-Dateien lassen sich durch einfaches Kopieren in das Wiki integrieren. Die Formatierungen werden hier, bis auf wenige Ausnahmen, gut übernommen. Lediglich interne Verlinkungen weisen des Öfteren Fehler auf. Sehr große Dateien mit komplexen Formatierungen sollten daher in Form von Dateianhängen eingefügt oder in Artikeln verlinkt werden. Diese Links dürfen hierbei weder Leer- noch Sonderzeichen beinhalten.

13. **Benachrichtigungen:** Nutzer werden, sobald ein Account für sie erstellt wurde, per E-Mail vom System informiert. Auch die Password Recovery-Funktion per E-Mail funktioniert problemlos.

14. **Statistiken:** Das System protokolliert alle Nutzeraktivitäten korrekt. Über die API können diverse Statistiken, beispielsweise über die Anzahl an Editierungen pro Nutzer, in eine Seite eingebunden und angepasst werden. Ebenso ist es möglich, das System mit Google Analytics zu verbinden, um detailliertere Statistiken über die Aktivitäten der Nutzer zu erhalten.

15. **Datenhaltung:** Die Daten werden, nach XHTML-Standard, in einer SQL-Datenbank abgespeichert und können als SQL-Dump gesichert werden.

16. **Layout:** Das Firmenlogo konnte über eine entsprechende Funktion integriert werden. Es stehen diverse Templates zur Anpassung des Layouts zur Verfügung. Individuelle Anpassungen erfordern jedoch einen gewissen Aufwand, da die entsprechenden Stylesheets manuell editiert werden müssen.

17. **Lizenz:** Es handelt sich um ein GPL-lizensiertes Open Source System.

18. **Skalierbarkeit:** Für das Wiki sind zahlreiche Erweiterungen vorhanden, welche über die API und das Admin-Panel in das System integriert werden können. Getestet wurde dies mit einer Kalender-Funktion von Google.

19. **Migrationsfähigkeit:** Die Daten im System können über die API als XHTML-Dateien extrahiert werden. Da dies ein gängiger Standard ist, kann mit Hilfe dieser Funktion eine Migration der Daten in ein anderes System erfolgen.

20. **Verfügbarkeit:** Das System ist bis zum jetzigen Zeitpunkt ausfallfrei. Ein Langzeittest konnte jedoch nicht durchgeführt werden. Eventuelle Ausfälle wären schnell zu beheben, da das System als virtuelle Maschine implementiert ist.

21. **Performanz:** Die Performanz des Wikis ist zufriedenstellend. Da bei der AC-B GmbH nur maximal 10-15 Nutzer zum selben Zeitpunkt in das System eingeloggt seien können, ist mit Performanceproblemen nicht zu rechnen. Auch bei gleichzeitigem Arbeiten mehrerer Mitarbeiter im Wiki waren keine Performanceeinbrüche festzustellen.

Wie man erkennt konnte das System in der Testphase die Erfüllung der Anforderungen unter Beweis stellen. Lediglich das Importieren von Word-Dokumenten verlief nicht ganz so einwandfrei, wie vom Hersteller beschrieben. Grundsätzlich funktioniert das Importieren von Dokumenten zufriedenstellend, jedoch häufen sich bei einer entsprechend komplexen Formatierung die Fehler. Dies jedoch in einem durchaus vertretbaren Rahmen. Ebenso erwiesen sich individuelle Anpassungen am Layout teilweise als schwierig, da die Dokumentation hier nicht besonders umfangreich ist. Die vorerst nicht vorhandene, aber zwingend notwendige, Transaktionskontrolle war erst nach einem Update funktionsfähig. Zusammenfassend lässt sich jedoch festhalten, dass das System die Anforderungen sehr zufriedenstellend erfüllt.

5.5 Szenario

Abschließend sollen anhand eines konkreten Szenarios ein mögliches Einsatzfeld und der Nutzen des Systems demonstriert werden. Als Szenario diente hierbei das gemeinsame Editieren der Anforderungsspezifikation für das Wiki selbst.

5.5.1 Vorbereitungen

Für die Durchführung des Szenarios wurde eine kleine Gruppe von Mitarbeitern herangezogen. Der entsprechende Artikel *Anforderungsspezifikation* wurde im Wiki erstellt und dessen Nutzerrechte so eingerichtet, dass nur diejenigen Nutzer Schreibzugriff auf diesen hatten, welche den Artikel auch bearbeiten sollten. Die Anforderungsspezifikation war zu diesem Zeitpunkt bereits teilweise fertiggestellt, jedoch noch nicht vollständig ausformuliert. Der bisherige Stand, welcher in Form eines Word-Dokuments vorlag, wurde in das Wiki integriert.

Dieses Szenario eignet sich besonders gut als Beispiel um den Nutzen des Systems zu demonstrieren, da das gemeinsame Erstellen und Bearbeiten von Projektdokumentationen eine im Projektmanagement sehr häufig vorkommende Tätigkeit darstellt und bei der AC-B GmbH auch in Zukunft noch oft praktiziert werden wird. Somit kann durch dieses Szenario der Mehrwert durch den Einsatz eines Wikis im Vergleich zur bisherigen Vorgehensweise sehr gut demonstriert werden.

5.5.2 Durchführung

Nachdem der bisherige Stand der Anforderungsspezifikation in das Wiki importiert und die Nutzerrechte festgelegt waren, konnte das Szenario durchgeführt werden. Anfangs war die Beteiligung der Mitarbeiter noch relativ gering und es mussten hin und wieder erneute Bitten zur Teilnahme an dem Szenario ausgesprochen werden. Jedoch ließ sich beobachten, dass die Beteiligung der Mitarbeiter anstieg, je mehr diese sich mit dem System und dem Artikel selbst beschäftigten.

So wurde die Anforderungsspezifikation für das System nach und nach in einem kollaborativen Prozess weiter ausformuliert und komplettiert. Die Beobachtungen während dem Szenario bestätigten hierbei, dass das Herabsetzen der Einstiegsschwelle in das System einen sehr wichtigen Faktor für den Erfolg des Wikis darstellt.

5.5.3 Auswertung

Das Szenario verlief sehr vielversprechend und nachdem die Mitarbeiter sich immer mehr aktiv an dem Prozess beteiligten, wurden auch von ihnen die Vorzüge des kollaborativen Arbeitens mit Hilfe des Wiki-Systems im Vergleich zu den bisherigen Prozessen anerkannt.

Kritikpunkte wurden bei gelegentlichen Schwierigkeiten mit der Formatierung des Textes oder ähnlichen, die Bedienung des Systems betreffenden, Umständen genannt. Durch den regelmäßigen Umgang mit- und der Gewöhnung an das System kam dies jedoch immer seltener vor.

Das Szenario veranschaulichte den potenziellen Nutzen des Wikis und dass mit dessen Hilfe einige der in Kapitel 2 genannten Problematiken bei den bisherigen Prozessen durchaus zu verbessert werden und die Projektmanagementaktivitäten bei der AC-B GmbH effizienter gestaltet werden können.

Das Ergebnis des Szenarios war eine Anforderungsspezifikation für ein Wiki-System bei der AC-B GmbH, welche in Form einer PDF-Datei konserviert wurde. Diese floss zu großen Teilen in die Anforderungsspezifikation, welche in dieser Arbeit vorgestellt wurde, mit ein. Zur Veranschaulichung hier ein Screenshot, welcher während der Arbeit an dem Dokument erstellt wurde. Zu sehen ist die Anforderungsspezifikation im Wiki (links) und die Ansicht einer hieraus exportierten PDF-Datei (rechts).

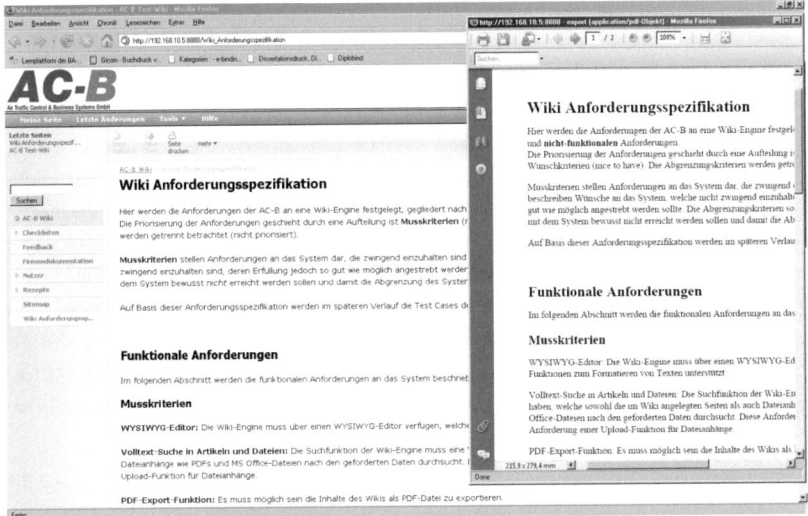

Abbildung 6: Anforderungsspezifikation im Wiki

Nachdem die Ergebnisse der Arbeit präsentiert wurden, folgt nun das Resumée. Hier wird die Arbeit zusammengefasst und deren Ergebnisse werden kritisch bewertet. Ebenso wird ein Ausblick auf mögliche Zukunftsperspektiven gegeben und auch die Übertragbarkeit der Ergebnisse auf andere Unternehmen angesprochen.

6. Resumée

Das Projektmanagement ist ein sehr komplexer Prozess, der, wie sich herausgestellt hat, in der Praxis sehr oft Probleme bereitet. Durch eine effiziente und effektive Gestaltung der Kommunikation, Koordination und Kooperation innerhalb von Projekten kann das Projektmanagement jedoch unterstützt und die Anzahl an gescheiterten Projekten vermindert werden. Vor allem im sehr kritischen Bereich des Anforderungsmanagements bieten sich hier gute Möglichkeiten, potenzielle Risiken zu beseitigen.

Wikis als Tools für das kollaborative Arbeiten können die Kommunikation, Koordination und Kooperation in Unternehmen verbessern. Das Wissensmanagement wird durch die Schaffung eines gemeinsamen Wissenspools unterstützt, die Auffindbarkeit von Dokumenten wird erleichtert und der Workflow im Projektmanagement effizienter gestaltet. Nicht nur, dass Projektdokumentationen unter Einbeziehung aller verantwortlichen Mitarbeiter und gegebenenfalls auch der Stakeholder in einem gemeinschaftlichen Prozess entstehen können. Es können auch projektbezogenes Wissen und gesammelte Erfahrungen dokumentiert, leichter auffindbar und wiederverwendbar gemacht werden.

Um dies mit Hilfe eines Wikis zu realisieren ist es notwendig, die spezifischen Anforderungen an das zu implementierende System genau zu erfassen und ein Konzept für dessen Nutzung zu erstellen. Je nach betrieblichen Anforderungen und geplantem Einsatzzweck kann die Wahl auf eine andere Wiki-Engine fallen.

Bei der AC-B GmbH hat man sich für Deki Wiki als Wiki-System entschieden. Dies erfüllte alle Anforderungen und entsprach den Vorstellungen der Mitarbeiter in punkto Anwenderfreundlichkeit und Ergonomie am meisten. Doch für welches System man sich auch entscheiden mag, es gibt immer bestimmte Faktoren, die den Erfolg eines Wikis in einem Unternehmen maßgeblich beeinflussen können.

Da ein Wiki von Partizipation lebt ist es notwendig, die Wünsche der Mitarbeiter bestmöglich zu berücksichtigen und gegebenenfalls adäquate Kompromisse einzugehen. Ebenso ist es notwendig, die Einstiegsbarriere in das System so gering wie möglich zu halten, indem man dessen Nutzen fortwährend kommuniziert und demonstriert. Auch muss die Wiki-Philosophie an sich zur Unternehmenskultur passen und von den Mitarbeitern und der Geschäftsleitung positiv aufgenommen und aktiv durchgeführt werden. Das bei der AC-B GmbH implementierte Wiki wurde anfangs mit gemischten Gefühlen betrachtet. Je mehr es jedoch von den

Mitarbeitern benutzt und dessen Vorteile demonstriert wurden, desto mehr stieg auch die Erkenntnis über die Vorteile des kollaborativen Arbeitens mit dem Wiki-System. Man könnte hier von einer Art synergetischem Effekt zwischen Nutzen des Systems und Partizipation der Mitarbeiter sprechen. Je mehr beigetragen wird, desto höher der Mehrwert durch das Wiki – und je mehr Nutzen durch das Wiki, desto höher die Beteiligung.

Wikis sind jedoch keine Allheilmittel und wirken bei den genannten Prozessen hauptsächlich unterstützend. Ein allgemein schlecht durchgeführtes Projektmanagement wird durch die Hinzunahme eines Wikis nicht automatisch erfolgreicher. Ebenso ist zu beachten, dass die Einführung eines Wikis in einem Unternehmen ebenfalls ein Projekt darstellt. Und Projekte können, wie man gesehen hat, auch oft scheitern. Gelingt es beispielsweise nicht, die Mitarbeiter zur Beteiligung zu motivieren und das System tatsächlich zu nutzen, so kommt das Wiki-Projekt zum Stillstand.

Der implementierte Prototyp und das präsentierte Szenario haben jedoch das Potenzial für den Einsatz eines Wikis im Unternehmen veranschaulicht und auch die Mitarbeiter zu dessen Nutzung angespornt. Somit wurde eine wichtige Voraussetzung für den Erfolg des Projekts geschaffen. Nun gilt es, das Wiki im Unternehmen zu etablieren und die Mitarbeiter weiterhin zu dessen Nutzung zu motivieren. So könnte das prototypisch implementierte Wiki in Zukunft ein wichtiges Hilfsmittel zur Unterstützung des Projektmanagements bei der AC-B GmbH werden.

Mittel- bis längerfristig wäre auch ein Einsatz des Wikis in einem Extranet denkbar. Dies würde die Potenziale des Systems weiter ausbauen, indem Stakeholder der AC-B GmbH tiefer in die entsprechenden Prozesse eingebunden werden könnten. Die Kommunikation zum Auftraggeber würde dadurch effizienter gestaltet und der Verlauf eines Projektes positiv beeinflusst.

Dass ein solches Szenario durchaus nicht unrealistisch ist wird durch die Tatsache bestätigt, dass der größte Kunde der AC-B GmbH, die Deutsche Flugsicherung GmbH, schon bereits vor Beginn dieser Diplomarbeit während einer Telefonkonferenz Interesse an einem Wiki geäußert hat.

Quellenverzeichnis

AC-B Air Traffic Control & Business Systems GmbH: http://www.ac-b.de/projects, Abfrage 19.06.08

Balzert H.: Lehrbuch der Software-Technik – Software-Entwicklung, Spektrum Akademischer Verlag GmbH 2000

Chaffey D.: http://davechaffey.com/images/hype-cycle-2006, Abfrage 26.06.08

CosmoCode GmbH: WikiMatrix, http://www.wikimatrix.org, Abfrage 03.07.08

Deutsches Institut für Normung e.V.: DIN 69901, Beuth Verlag GmbH 1994

Decker B., Ras E., Rech J., Jaubert P., Rieth M.: Wiki-Based Stakeholder Participation in Requirements Engineering, IEEE Inc. 2007

Ebersbach A., Glaser M., Heigl R., Warta A.: Wiki – Kooperation in Web, Springer-Verlag 2008

Emakina Group: http://www.groupereflect.net/blog/HCycle07.jpg, Abfrage 26.06.08

Gartner Inc.: http://www.gartner.com/pages/story.php.id.8795.s.8.jsp, Abfrage 26.06.08

Gartner Inc.: http://www.gartner.com/resources/130100/130115/gartners_hyp_f2.gif, Abfrage 26.06.08

Gartner Inc.: http://www.gartner.com/press_releases/images/20060809_495475.jpg, Abfrage 26.06.08

Google Inc.: http://www.google.com/trends, Abfrage 26.06.08

Gross T., Koch M., Herczeg M. (Hrsg.): Computer-Supported Cooperative Work, Oldenbourg Verlag 2007

Heidecke F., Back A.: Web 2.0 im Unternehmen: Wikis vor dem Durchbruch?, Goldwyn Partners Group 2008

Hindel B., Hörmann K., Müller M., Schmied J.: Basiswissen Software-Projektmanagement – Aus- und Weiterbildung zum Certified Professional for Project Management nach iSQI-Standard, dpunkt.verlag GmbH 2006

Hofmann H.F., Lehner F.: Requirements Engineering as a Success Factor in Software Projects, IEEE Inc. 2001

International Organization for Standardization: Qualitätsmanagementsysteme – Grundlagen und Begriffe (ISO 9000:2005), ISO 2005

Kitz A.: IT-Projektmanagement – Managen Sie richtig! – Halten Sie Zeitrahmen und Budget ein! – Und erreichen Sie beste Qualität!, Galileo Press GmbH 2004

Köberich K.: Konzeption und prototypische Implementierung eines Wikis an der Fachhochschule München, 2006

Kraus P., Dückert S.: Wikis im Wissensmanagement – Einsatzerfahrungen bei der Elektrobit Automotive GmbH, Elektrobit Automotive GmbH 2007

Landwehr S.: Was macht Wikis Industrietauglich?, 2008

Lange C.: Wiki – Planen, Einrichten, Verwalten; C&L Computer und Literaturverlag 2005

Leuf B., Cunningham W.: The Wiki Way – Quick Collaboration on the Web, Addison-Wesley 2005

Leuf B., Cunningham W.: http://wiki.org/wiki.cgi?WhatIsWiki, Abfrage 27.06.08

Louridas P.: Using Wikis in Software Development, IEEE Inc. 2006

Madauss B. J.: Projektmanagement, Schäffer-Poeschel Verlag 2000

MindTouch, Inc.: Deki Wiki, http://wiki.mindtouch.com/Deki_Wiki, Abfrage 03.07.08

Rech J., Bogner C., Haas V.: Using Wikis to Tackle Reuse in Software Projects, IEEE Inc. 2007

Schindler M.: Wissensmanagement in der Projektabwicklung, Josef Eul Verlag 2002

Schneider H.-J.: Lexikon der Informatik und Datenverarbeitung, Oldenbourg Verlag 1986

Schönert S.: Information und Kommunikation in multizentrischen Projekten, Shaker Verlag 2002

Software Engineering Standards Committee – IEEE Computer Society: IEEE Recommended Practice for Software Requirements Specifications, IEEE Inc. 1998

Standards Coordinating Committee – IEEE Computer Society: IEEE Standard Glossary of Software Engineering Terminology, IEEE Inc. 1990

Teufel S., Sauter C., Muehlherr T., Bauknecht K.: Computerunterstützung für die Gruppenarbeit, Addison-Wesley 1995

Thoeny P.: TWiki.org, http://twiki.org, Abfrage 03.07.08

Volland A.: PMQS – Projektmanagement und Qualitätssicherung in IT Projekten, http://www.pmqs.de/library/prozessgruppen/magischesdreieck.gif, Abfrage 20.06.08

Wikimedia Foundation: MediaWiki.org, http://www.mediawiki.org, Abfrage 03.07.08

Wikimedia Foundation: Wikipedia, http://www.wikipedia.org, Abfrage 01.07.08

Anhang

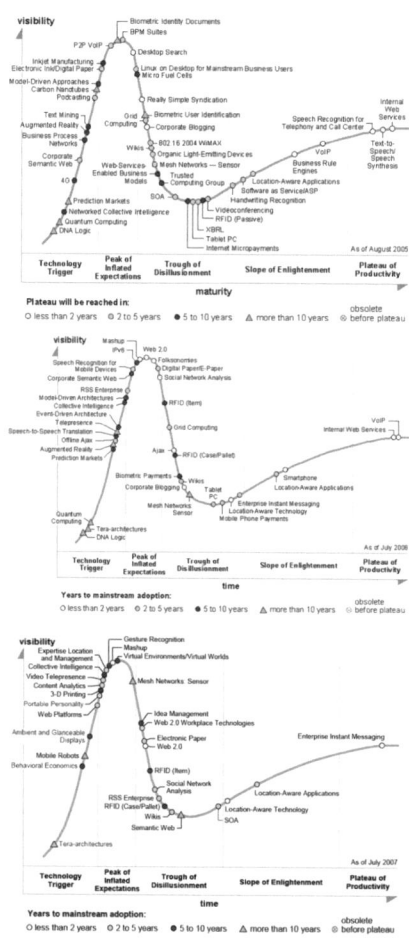

Abbildung 7: Gartner Hype Cycle 2005-2007

„*Technology Trigger:* The first phase of a Hype Cycle is the "technology trigger" or breakthrough, product launch or other event that generates significant press and interest.

Peak of Inflated Expectations: In the next phase, a frenzy of publicity typically generates over-enthusiasm and unrealistic expectations. There may be some successful applications of a technology, but there are typically more failures.

Trough of Disillusionment: Technologies enter the "trough of disillusionment" because they fail to meet expectations and quickly become unfashionable. Consequently, the press usually abandons the topic and the technology.

Slope of Enlightenment: Although the press may have stopped covering the technology, some businesses continue through the "slope of enlightenment" and experiment to understand the benefits and practical application of the technology.

Plateau of Productivity: A technology reaches the "plateau of productivity" as the benefits of it become widely demonstrated and accepted. The technology becomes increasingly stable and evolves in second and third generations. The final height of the plateau varies according to whether the technology is broadly applicable or benefits only a niche market."[76]

---

[76] http://www.gartner.com, Hype Cycle 2006 aus http://davechaffey.com